BIBLIOTHÈQUE SOCIALISTE

LE

CHOMAGE

PREMIÈRE PARTIE

INSTITUTIONS DE SECOURS ET D'ASSURANCE
CAISSES SYNDICALES. — LEURS RÉSULTATS

PAR

F. FAGNOT

PARIS
SOCIÉTÉ NOUVELLE DE LIBRAIRIE ET D'ÉDITION
(LIBRAIRIE GEORGES BELLAIS)
17, RUE CUJAS

1905

BIBLIOTHÈQUE SOCIALISTE

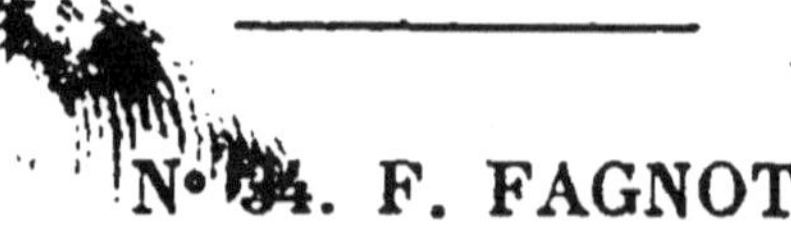

N° 34. F. FAGNOT

LE CHOMAGE

I

LE CHOMAGE

BIBLIOTHÈQUE SOCIALISTE. N° 34. - 35

LE

CHOMAGE

PREMIÈRE PARTIE

INSTITUTIONS DE SECOURS ET D'ASSURANCE
CAISSES SYNDICALES. — LEURS RÉSULTATS

PAR

F. FAGNOT

PARIS
SOCIÉTÉ NOUVELLE DE LIBRAIRIE ET D'ÉDITION
(LIBRAIRIE GEORGES BELLAIS)
17, RUE CUJAS

1905

LE CHOMAGE

INTRODUCTION

Sur la demande du Conseil supérieur du travail, le Parlement a inscrit au budget de 1905 un crédit de 110,000 francs en faveur des caisses de chômage et ce crédit, qui figurera désormais au budget, sera augmenté à mesure que les caisses de chômage acquerront un plus grand développement.

Reconnaissant qu'il est du devoir de la société de venir en aide aux sans-travail, l'Etat veut contribuer dorénavant aux dépenses des caisses de chômage. C'est un premier pas, d'ailleurs modeste, vers une solution indirecte et partielle du plus grave des problèmes sociaux.

Pour apprécier la portée de cet acte de solidarité, nous nous proposons d'étudier, non le chômage en lui-même, mais les diverses formes de la lutte engagée contre les conséquences du manque de travail et spécialement les institutions privées et publiques de secours et d'assurance contre le chômage dans les principaux pays industriels de l'Europe : Angleterre, Allemagne, Belgique, Suisse et France. Ce travail documentaire permettra au lecteur, nous l'espérons du moins, de connaître dans leurs grandes lignes l'organisation, le fonctionnement et les résultats des diverses institutions et notamment de la caisse de chômage fédérale et syndicale. Il l'aidera, en outre, à se faire une opinion motivée sur les questions suivantes : le Parlement a-t-il eu raison de choisir la caisse de chômage pour faire parvenir aux sans-travail le subside momentané que, dans sa pensée, le corps social leur doit ? En quoi consiste le système de répartition du crédit budgétaire ? Enfin, sur quelles bases, tirées de l'expérience, la caisse de chômage doit-elle être organisée pour donner les meilleurs résultats ?

Il est inutile, pour les lecteurs de la *Bibliothèque socialiste*, de faire ressortir l'intérêt d'un tel sujet que nous voudrions traiter aussi complètement que le permet le cadre restreint de cette publication. A cet effet, en deux fascicules de la collection, nous consacrerons : un chapitre aux institutions de secours et d'assurance, y compris l'unique tentative d'assurance obligatoire qui ait été faite ; — un chapitre aux caisses ouvrières, caisses fédérales et syndicales ; — un chapitre aux caisses ouvrières subventionnées par les pouvoirs publics ; — un chapitre à l'examen critique de ces institutions, si différentes dans leur esprit, leur organisation et leurs résultats, et entre lesquelles le

Conseil supérieur du travail, après une délibération approfondie, a fait choix du système des caisses subventionnées, tel qu'il a été institué par la ville de Gand où, malgré la faible étendue de son champ d'action, il donne des résultats satisfaisants ; — un chapitre au décret portant règlement des subventions aux caisses de chômage, lequel, généralisant le système communal de Gand, fait une application de ce système à la France entière et dont les dispositions essentielles seront analysées ; — un chapitre enfin à la caisse fédérale de chômage dont la supériorité sur toutes les autres institutions, y compris les caisses syndicales, locales et même régionales, est démontrée par les faits et qui, à ce titre, sera recommandée d'une façon spéciale à l'attention des syndicalistes militants.

Avant d'aborder l'objet propre de cette étude, nous examinerons brièvement le chômage et ses causes principales, et nous essaierons de mesurer son étendue, autant que le permettent les statistiques rudimentaires. En terminant ce premier chapitre, nous noterons les moyens préconisés par les travailleurs eux-mêmes pour supprimer ou diminuer le chômage, puis nous rappellerons les mesures très insuffisantes qui ont été prises jusqu'ici pour le combattre directement, notamment par le placement et les travaux de secours.

CHAPITRE PREMIER

LE CHOMAGE

SES CAUSES

Le chômage involontaire, qui cause tant d'inquiétudes et de privations aux travailleurs, paraît être une conséquence à peu près inévitable du régime industriel des sociétés modernes. Pour fonctionner normalement, l'industrie doit pouvoir, selon la marche irrégulière de la production, augmenter ou diminuer le nombre des travailleurs occupés. Le mouvement de hausse et de baisse du travail est périodique et alternatif ; par suite, pendant la période de baisse, des ouvriers recherchent vainement un emploi. Ces chômeurs, dont le nombre varie sans cesse, constituent ce qu'on a appelé l'armée de réserve. Le mouvement s'observe aisément là où le développement et la concentration de l'industrie sont plus accentués. Ainsi, lorsque la baisse du travail va jusqu'à la crise, celle-ci est plus aiguë dans les pays comme l'Angleterre et l'Allemagne, où la grande industrie tient une place considérable, que dans les pays comme la France où la moyenne et la petite industrie sont encore prépondérantes.

Doit-on regretter le développement de la grande industrie parce qu'il accuse davantage le problème du chômage ? Outre que le regret serait superflu, la grande industrie présente des avantages si évidents, pour l'ouvrier comme pour le corps social, qu'il semble plus raisonnable de faire porter notre effort sur les moyens propres, soit à corriger ses imperfections, soit à se prémunir contre leurs effets.

Par un raisonnement un peu trop simpliste, on est porté à rendre les patrons seuls responsables du chômage : ils l'entretiendraient afin de réduire plus commodément les ouvriers et de repousser, le cas échéant, leurs réclamations les plus légitimes. Il serait plus exact de dire que la responsabilité du chômage incombe pour une large part à tout le monde, c'est-à-dire à personne en particulier. L'action patronale joue un rôle, mais ce rôle a des limites étroites. Il s'exerce sur les ouvriers pris individuellement. Lorsque le travail baisse, le patron choisit les ouvriers qui subiront le chômage. Quant au chômage lui-même, il n'est causé ni par les patrons ni par le patronat. Le phénomène les dépasse et ils le subissent comme les ouvriers. Il n'y a qu'une différence — elle est d'ailleurs énorme — c'est que le patron peut attendre la reprise des affaires, tandis que l'ouvrier est condamné à pâtir en l'attendant.

L'industrie moderne est une immense force sociale. Mais, comme toute force nouvelle, il faut la régler. Un règlement de plus en plus sévère de la production diminuera sans doute le chômage; quant à le faire disparaître, l'entreprise paraît téméraire pour ne pas dire chimérique.

Quoi qu'il en soit, dire que le chômage est inévitable, à l'heure présente, c'est mettre en relief une grave imperfection de l'ordre social et expliquer, sinon justifier, les critiques et les attaques dont il est l'objet. C'est aussi poser la question sociale la plus douloureuse et rendre pleinement légitimes, en principe, les plaintes et les revendications de la classe ouvrière à cet égard.

Quant aux causes du chômage, du fait même qu'elles découlent du régime industriel, elles sont si profondes, si nombreuses, si variées, qu'il serait difficile d'en établir une liste complète[1]. On peut cependant donner une idée de ces causes multiples en les classant en quelques groupes généraux — ce qui, pour l'objet de la présente étude, paraît suffisant.

On peut classer dans un premier groupe les causes tenant à la personne même du chômeur. Tout en écartant le chômage volontaire, et spécialement la grève, comme le chômage causé par la maladie et l'invalidité, il y a néanmoins un certain nombre de causes personnelles. Il est d'ailleurs peu facile de les distinguer dans la pratique, car la frontière qui les sépare du chômage volontaire est le plus souvent très indécise.

Ces causes personnelles comprennent tous

1. Voir *Documents sur la question du chômage*, publication de l'Office du travail (1893).

les cas où le travailleur tombe en chômage par instabilité plus ou moins chronique, activité insuffisante, intempérance, humeur difficile, insubordination, dépression physique, mauvaise santé, âge trop avancé, etc.

Elles comprennent aussi les cas de renvoi individuel ou de refus d'embauchage pour des motifs syndicaux, politiques et quelquefois religieux, généralement dissimulés derrière des prétextes d'ordre professionnel. Congédier, sous un prétexte plus ou moins plausible, le travailleur militant, qualifié de forte tête, de meneur, est un procédé assez fréquemment employé, malgré son caractère irritant et les dangers qu'il présente pour le patron. Trop souvent, certains travailleurs que leur activité syndicale ou politique a mis en vedette, sont pour ainsi dire traqués au point de ne pouvoir trouver un emploi dans leur localité et quelquefois dans leur région [1].

Elles comprennent enfin les cas de chômage par suite d'aptitudes professionnelles insuffisantes. Ces cas sont nombreux dans les métiers qualifiés. Il s'opère, dans chaque atelier, un classement des ouvriers d'après le mérite professionnel et, lorsque le travail baisse, les ouvriers médiocres sont les premiers renvoyés. Certes, on comprend que chaque maison con-

1. Le citoyen Cotte, secrétaire de la Fédération des mineurs, qui vient de mourir si prématurément, nous énumérait, il y a quelques années, les vingt-trois Compagnies minières du centre de la France dans lesquelles, par suite de mise à l'index, il lui était impossible de travailler.

serve de préférence les bons ouvriers pour former son noyau ; d'autre part, il y aura toujours, entre les ouvriers du même atelier, des aptitudes différentes. Cependant, à notre époque où l'apprentissage laisse tant à désirer, où la spécialisation se développe de plus en plus, le nombre des petites mains, des demi-ouvriers, est tout à fait démesuré ; en tout cas, c'est parmi ces travailleurs incomplets que le chômage sévit avec le plus d'intensité. Perpétuellement menacés par le chômage, ces travailleurs sont placés dans une situation d'autant plus pénible que leur salaire est toujours inférieur à celui des bons ouvriers.

Le second groupe peut comprendre les divers chômages accidentels : incendie de l'établissement, accidents survenus aux matériel et machines, attente du travail, manque de matières premières. Par leur durée temporaire, du fait qu'en général ils ne font pas perdre à l'ouvrier son emploi, ces chômages sont les moins préjudiciables aux travailleurs. Mais il faut remarquer qu'ils constituent pour la plupart un risque industriel presque aussi bien défini que l'incendie ou l'accident du travail, et contre les conséquences duquel, par conséquent, l'assurance ordinaire pourrait aisément garantir les ouvriers. Dès lors, si l'initiative privée ne sait pas résoudre un problème aussi facile, le législateur devrait obliger tout industriel à assurer son personnel contre le risque de chômage par suite d'incendie, d'accidents et de cas de force majeure. Un premier pas dans cette voie a été fait par une proposition de loi déposée le 19 juin 1902 par M. Charles Dumont, député du Jura.

Dans un troisième groupe on peut classer les chômages causés par l'hiver et les intempéries. Ils frappent surtout les ouvriers du bâtiment et une partie des travailleurs des transports. Le chômage climatérique revenant chaque hiver, l'ouvrier du bâtiment sait d'avance, à quelque chose près, la perte qu'il devra subir. Il peut demander un salaire en conséquence et économiser pendant l'été, afin de ne pas subir en hiver le sort de la cigale du fabuliste. Dans le bâtiment, au moins dans les grandes villes, le salaire de l'ouvrier est peut-être un peu plus élevé que celui de la plupart des travailleurs, mais il est encore trop faible pour que l'on puisse adresser un reproche aux ouvriers du bâtiment qui, ayant une famille à nourrir, n'épargnent point en vûe de l'hiver. Quoique la responsabilité du chômage climatérique n'incombe à personne, il serait humain d'aider ces travailleurs à traverser la mauvaise saison annuelle.

Avec le quatrième groupe, nous abordons le chômage exclusivement causé par le régime industriel et par une notion insuffisante du devoir social. Il s'agit des mortes-saisons qui atteignent périodiquement les professions les plus diverses, spécialement les industries de luxe et les 1,300,000 ouvriers et ouvrières du vêtement et de la toilette. Pour ces derniers, la morte-saison est en partie causée par l'action du climat; il semble difficile d'éviter que deux fois par an, à l'entrée de l'hiver et à l'entrée du printemps, le travail n'augmente démesurément pour baisser ensuite avec une égale intensité. Sous cette réserve, nous sommes en présence, pour l'ensemble du groupe, des variations du bon et mauvais goût de tout le monde ; des exigences de la clientèle qui voudrait être servie avant d'avoir commandé et que souvent le patron encourage au lieu de lui résister ; des fantaisies et caprices de la mode dont les répercussions sur le marché du travail sont presque indéfinies. Les causes de ces chômages étant directement sociales, en toute justice leurs conséquences devraient être supportées par la société.

Le cinquième groupe est réservé au chômage causé par les transformations techniques et industrielles de tous genres : introduction d'une machine dans un métier manuel, développement du machinisme, modification d'outillage, suppression de certains travaux par les produits chimiques, exode des établissements industriels vers les stations hydrauliques et électriques, etc. Le travailleur paie ainsi, à lui seul, la rançon qu'exigent la science et la technique en échange de leurs bienfaits dont bénéficient cependant d'abord les industriels et bientôt la société tout entière.

La machine ne diminue pas la quantité totale du travail. Elle l'augmente plutôt, en même temps qu'elle accroît la richesse et le bien-être de tous. Elle diminue l'effort musculaire. Elle permet de réduire progressivement le temps consacré au labeur quotidien. Elle est, pour l'ouvrier, la génératrice du repos et du loisir. Mais elle lui cause, pendant une période de transition, le plus grave dommage qu'il puisse subir en rendant son métier inutile, en lui ôtant des mains son unique gagne-pain. La machine travaille pour les générations à venir et aussi pour la société présente, mais au détriment des ouvriers du métier où elle s'introduit. Ceux-ci, elle les exproprie littéralement. Le dommage est presque toujours irréparable pour l'ouvrier remplacé par la machine après l'âge de 40 ans, car il ne lui est plus possible, à cet âge, d'apprendre un nouveau métier ou de retrouver, dans une autre profession, une situation analogue à celle qu'il occupait jusque-là et sur laquelle il avait édifié sa vie. Il est condamné, par le progrès lui-même, à végéter désormais lui et les siens.

Pour être plus apparente et particulièrement grave, cette conséquence des transformations techniques est loin d'être la seule qui bouleverse la condition de l'ouvrier. Le machinisme et les agents chimiques, entre autres, dans leur incessant développement, déterminent des réactions et des perturbations qui, partant de la profession directement touchée, se répercutent plus ou moins fortement sur les professions similaires ou connexes et, en certains cas, sur toute l'organisation industrielle dont l'équilibre est encore rendu plus instable pendant un certain temps.

Sans insister davantage sur ce phénomène

perturbateur et progressif à la fois, il n'est pas excessif de demander d'abord aux industriels de ménager les transitions si pénibles pour l'ouvrier, puis au corps social d'atténuer leurs conséquences inévitables par un effort collectif et des moyens appropriés. Il ne s'agit point de combattre ni même de contrecarrer un mouvement naturel et finalement bienfaisant, mais seulement de le régulariser dans la mesure du possible et, pour le surplus, de venir en aide aux victimes du progrès technique.

Il faut classer dans un sixième et dernier groupe les diverses causes générales du chômage : expansions et dépressions périodiques du marché ; réactions exercées par les nouvelles nations industrielles ; extension et complexité croissantes du marché ; mauvaises récoltes ; guerres nationales ou étrangères ; perturbations politiques et graves dissensions intestines ; spéculations et krachs financiers ; grands travaux publics entrepris sans tenir compte de l'état général des affaires ou du marché local du travail, etc. Ces causes n'agissent que d'une manière indirecte, intermittente ; mais lorsqu'elles interviennent, les chômages qui en résultent sont généralement très étendus ou très intenses et présentent même ce double caractère à la fois.

En résumé, le marché du travail est sans cesse troublé plus ou moins profondément, selon les professions, l'époque de l'année ou l'acuité des crises, par des causes très nombreuses qui agissent directement ou indirectement, dont les plus graves tiennent au régime industriel ou à la situation politique et sociale, et que l'on peut ainsi grouper : les causes personnelles, les causes accidentelles, les causes climatériques, les mortes-saisons, le machinisme et les transformations techniques, les dépressions périodiques du marché, les perturbations politiques et les guerres.

LE NOMBRE DES CHOMEURS

S'il n'est pas facile, dans l'état présent des études sociales, de déterminer toutes les causes du chômage, il est encore plus difficile de connaître le nombre des chômeurs ; à cet égard, à l'étranger comme en France, les procédés d'investigation sont jusqu'ici imparfaits, et l'on se rend bien compte, au surplus, que la statistique du chômage présente, et présentera pendant longtemps, les plus grandes difficultés.

Depuis 1894, l'Office du travail dresse une courbe du chômage à l'aide des renseignements fournis, chaque mois, par un certain nombre de syndicats ouvriers. D'autre part, l'Office du travail a fait deux essais de statistique du chômage à l'occasion des recensements professionnels de 1896 et de 1901. Avant de donner le nombre des chômeurs, d'après l'une et l'autre de ces statistiques, il faut rappeler quel est l'effectif des travailleurs français.

Le recensement professionnel de 1896 donne les chiffres suivants :

Industrie	4,844,000
Commerce	758,000
Total	5,602,000

Dans ce nombre total des ouvriers et employés des deux sexes, les domestiques (762,000 personnes) ne sont pas compris.

D'après les renseignements fournis chaque mois par les syndicats d'ouvriers et d'employés, la courbe accuse, comme moyenne annuelle, les proportions suivantes de chômeurs : année 1895, 6,50 0/0 ; 1896, 7 0/0 ; 1897, 7 0/0 ; 1898, 7,25 0/0 ; 1899, 6,50 0/0 ; 1900, 7 0/0 ; 1901, 7,75 0/0 : 1902, 9 0/0 ; 1903, 10 0/0 ; 1904, 11 0/0, soit, pour les dix années, une moyenne générale de 7,90 0/0[1].

En appliquant cette moyenne décennale au nombre total des travailleurs, on obtient :

$$\frac{5.600.000 \times 7,9}{100} = 442.400$$

soit, en chiffres ronds, 440,000 chômeurs ou plutôt 440,000 journées de chômage pour chaque jour ouvrable de l'année.

Le nombre des chômeurs ainsi déterminé n'a qu'une valeur indicative. Le syndicat est sans doute bien placé pour fournir le nombre des sans-travail de la profession dans la localité.

1. En 1903, lors de l'enquête du Conseil supérieur du travail, le calcul ne portait que sur huit années (1895-1902) et la moyenne générale était de 7,25 0/0.

— En Angleterre, l'Office du travail (*Labour department*) dresse également une courbe du chômage à l'aide des renseignements fournis par les syndicats ou trade-unions. Le nombre des adhérents des syndicats donnant des rensei-

Mais les syndicats comprenant l'intérêt social d'une statistique du chômage et qui, par suite, fournissent régulièrement des renseignements, sont encore peu nombreux : au 1er janvier 1905, 1,023 syndicats comprenant 180,000 membres. D'autre part, appliquer aux 5,600,000 travailleurs une moyenne calculée sur 180,000 d'entre eux, c'est faire une généralisation hasardée dont les chances d'erreur sont très grandes.

La statistique faite à l'aide des recensements professionnels soulève de son côté une objection assez forte. Elle ne peut donner que le nombre des ouvriers qui ne travaillaient pas le jour du recensement, c'est-à-dire un jour d'une année qui, l'un et l'autre, sont arbitraires au regard du chômage. Ainsi ce jour étant le 31 mars pour les deux recensements, le chômage de l'hiver lui échappe presque entièrement. Cette statistique, en un mot, ne repose pas sur une observation permanente du phénomène : elle est le résultat d'un coup de sonde. Cependant, il importe de remarquer que ce coup de sonde a exactement la même portée que le phénomène lui-même, puisqu'il s'applique à l'universalité des travailleurs. Présentant de ce chef une garantie sérieuse, cette statistique peut être considérée comme une rectification nécessaire de la courbe syndicale.

gnements dépasse 500,000. Pour la même période (1895-1904), la moyenne décennale du chômage, chez nos voisins, est de 4,10 0/0, avec un minimum de 3,70 0/0 et un maximum de 4,75 0/0. (D'après la *Labour Gazette*, bulletin mensuel du Labour department).

Lors des deux derniers recensements, les chômeurs étaient invités à indiquer leur situation sur le bulletin. Par rapport à l'effectif total des travailleurs, la proportion des chômeurs fut de 4,6 0/0 en 1896 et de 6,5 0/0 en 1901, soit pour les deux recensements une moyenne de 5, 6 0/0, ou

$$\frac{5.600.000 \times 5.6}{100} = 313.000$$

Lors des recensements, il y avait donc, en chiffres ronds, 300,000 chômeurs ; d'où l'on peut déduire, par un raisonnement plus ou moins conforme à la réalité, qu'en France et d'une façon permanente, 300,000 travailleurs au moins n'ont pas d'emploi.

Ces deux statistiques étant établies avec des éléments d'une origine très différente, elles se contrôlent et se corrigent l'une l'autre dans une certaine mesure et l'on peut admettre que, bon an mal an, le nombre des chômeurs oscille entre 300 et 440,000. Telle est l'étendue du mal auquel, à notre époque, toute société se doit à elle-même de rechercher et de trouver un remède, sinon pour guérir le mal, du moins pour en atténuer les cruelles conséquences.

MOYENS PROPOSÉS POUR SUPPRIMER LE CHOMAGE

Il ne saurait être question ici des systèmes collectivistes ou communistes qui, reposant sur le droit au travail, écartent théoriquement le problème du chômage par la question préalable en quelque sorte. En effet, si l'un des systèmes était appliqué dans une mesure suffisamment approchée de la conception théorique, tout citoyen voulant travailler, — et chacun y serait tenu — aurait la possibilité et les moyens de le faire.

Cette étude, essentiellement pratique, vise le présent et l'immédiat. Elle ne peut donc porter que sur les moyens proposés pour supprimer ou diminuer le chômage existant en 1905 et celui qui se produira tant que durera le présent régime économique. Il ne s'agit même que des moyens proposés par les travailleurs eux-mêmes, ou plus exactement par leurs représentants autorisés, les militants syndicalistes.

Pour les syndicalistes, le moyen de supprimer le chômage — et la plupart considèrent ce moyen comme absolument radical — c'est la réduction suffisante du temps ou des heures de travail. Tout en différant beaucoup, ici comme ailleurs, sur la méthode et les procédés de réalisation, réformistes et révolutionnaires sont d'accord sur le principe.

Avec raison, déclare le citoyen Keufer, secrétaire de la Fédération des travailleurs du livre, on a affirmé la nécessité de diminuer les causes du chômage et, pour cela, on a parlé de la réduction des heures de travail ; beaucoup de nos collègues ont réclamé et réclament l'intervention de l'Etat pour la réduction des heures de travail considérée comme le remède le plus sûr et le plus efficace au chômage dont nous nous occupons aujourd'hui.

Je suis aussi partisan de la réduction de la durée du travail, c'est une mesure qui s'imposera par la suite et voici pourquoi. Quand nous consultons des patrons, quand nous consultons des ouvriers, de quelque industrie qu'ils soient, tous reconnaissent que dans toutes les professions des difficultés considérables existent par suite de la surproduction. Il est donc nécessaire que cette question de la réduction des heures de travail soit examinée avec la plus grande attention, avec le plus grand soin, non seulement pour apporter remède au chômage, mais parce que nous considérons que le travail, aujourd'hui, est plus intensif qu'il ne l'a jamais été.

. . . .

Je considère que la réduction des heures de travail est un moyen non seulement de réduire le chômage dans une certaine mesure, mais aussi de donner aux ouvriers un peu plus de loisirs, à la condition que ces loisirs soient occupés à ce que j'estime nécessaire, à une meilleure instruction, à une plus complète éducation des travailleurs pour leur permettre de mieux se défendre dans les luttes économiques [1].

Le citoyen Griffuelhes, secrétaire de la Confédération générale du travail, affirme, de son côté, que s'il veut réduire considérablement le chômage, sinon le supprimer tout à fait, l'ouvrier ne doit plus faire que huit heures de travail par jour.

La solution qu'il importe de rechercher dans la diminution du chômage est dans la possibilité pour un plus grand nombre d'ouvriers de travailler. Et cette possibilité doit être d'autant plus rapidement obtenue que le machinisme vient, en se perfectionnant, — tout en créant de nouvelles industries ou en en développant d'autres — jeter sur le pavé une quantité d'ouvriers.

Pour arriver à donner du travail à des chômeurs, il

1. Conseil supérieur du travail, session de 1903, p. 49.

faut, puisque la production tend à dépasser les besoins actuels de la consommation, que le camarade travaillant produise moins. Et la part de besogne qu'une grande quantité de travailleurs fera en moins sera faite par ceux qui, aujourd'hui, sont des chômeurs.

Le meilleur remède pour atténuer le chômage est donc dans la diminution des heures de travail. Réduire la quantité productive de chaque jour pour l'ouvrier, c'est permettre à des sans-travail de trouver de la besogne.

Voilà pourquoi, depuis des années, les travailleurs manifestent pour la journée de huit heures. Mais, jusqu'à ce jour, nulle tentative pour l'application de ce principe n'avait été faite. Et le Congrès qui vient de se tenir à Bourges a voulu que, passant de l'affirmation théorique à la mise en pratique, l'ouvrier ne faisant plus que huit heures, travaille lui-même à pallier au chômage [1].

Les deux leaders ont raison d'affirmer qu'il est nécessaire de réduire la journée de travail. C'est la réforme capitale, celle que les syndicats doivent inlassablement préparer, en attendant l'occasion propre à l'accomplir. Et leurs efforts doivent être d'autant plus persévérants qu'elle paraît aussi difficile à réaliser, même en détail et partiellement, qu'elle est importante et féconde pour le travailleur.

La réduction de la journée de travail aura-t-elle pour conséquence de supprimer le chômage ou de le réduire dans une large mesure? Ce résultat serait-il obtenu du moins par une

1. *La Voix du Peuple*, 11-18 décembre 1904.

réduction brusque et très forte, c'est-à-dire par la journée de huit heures ?

D'après ce séduisant projet, tel qu'il est formulé par ses auteurs, il ne s'agit pas, ne l'oublions point, de transformer le régime industriel, de supprimer la direction ou le patron. La réforme est nettement circonscrite. Elle vise à diminuer subitement la durée du travail — de 2 heures par jour dans la majorité des cas, quelquefois de 3 et même de 4 heures, — mais elle laisse intact le régime lui-même.

Une réduction de 20, 25 et 33 0/0 du temps de travail, si elle s'opérait à jour fixe, sur toute l'étendue du pays, augmenterait dans une forte proportion le nombre des emplois et, par conséquent, réduirait de beaucoup le nombre des chômeurs, mais à la condition que la *production* de chaque journée soit simultanément réduite à peu près autant que sa *durée*. Or, l'expérience prouve que la production d'une journée est une chose et que la durée de cette journée en est une autre. On sait même — la Commission supérieure du travail, présidée par M. Waddington, sénateur et grand industriel, le déclare expressément et son témoignage à ce point de vue ne peut pas être suspect — on sait que « la production à l'heure augmente lorsque le nombre d'heures diminue »[1]. Si, dans la généralité des cas, la diminution du temps de travail détermine une augmentation de la production,

1. Rapports sur l'application des lois réglementant le travail, année 1902, p. xxxv.

le fait est encore plus certain lorsque l'ouvrier, au lieu de produire lui-même et d'être en quelque sorte à la fois son moteur et son régulateur, ne fait que diriger une machine, un appareil actionné par un moteur mécanique. Dans ce cas, en effet, une accélération de vitesse, la conduite de plusieurs métiers, une transformation d'outillage ou une réorganisation de l'usine, permet presque toujours d'augmenter ou tout au moins de maintenir la production de chaque ouvrier.

En Angleterre, des expériences ont été faites sur la production d'une usine passant de la journée de neuf heures à celle de huit. Il a été établi, par des déclarations et des preuves émanant, non des ouvriers, mais des patrons, que la production totale d'une année n'avait pas diminué après la mise en pratique de la journée de huit heures[1].

Chez nos voisins anglais, la durée du travail est, dans beaucoup de professions, de 54 heures par semaine, soit neuf heures par jour en moyenne. Cette durée réduite du travail n'empêche pas le chômage de sévir quelquefois avec intensité. Pendant le dernier hiver (1904-1905), il y eut une crise et le nombre des sans-travail, même dans les métiers qualifiés, fut très élevé.

Et nous n'examinons pas le fond même du

1. *La Journée de huit heures*, par John Rae, ouvrage contenant une documentation abondante et de solides arguments favorables à la journée de huit heures. Voir notamment la préface et l'article publié en appendice. — Edition française, Giard et Brière, rue Soufflot; 6 fr.

débat — parce qu'il est étranger à cette étude et, en outre, parce qu'il exigerait à lui seul un travail spécial — à savoir s'il est pratiquement possible, dans toutes les industries à la fois, de réduire d'un seul coup, instantanément en quelque sorte, la durée du travail de deux ou même d'une heure par jour. Il n'y a pas un seul exemple favorable à un tel projet. Aux États-Unis et en Angleterre, la journée a été réduite à huit et à neuf heures par profession, par industrie tout au plus et seulement dans un certain nombre de localités. Si les travailleurs français obtenaient d'un seul coup la journée de huit heures, ils ne réaliseraient pas une réforme, ils feraient une révolution.

Quoi qu'il en soit, la réduction de la journée de travail est et doit demeurer le premier article du programme syndical et la Fédération nationale qui, pour sa profession ou son industrie et d'un bout de la France à l'autre bout, parviendra la première à réduire la journée de travail à neuf heures, aura rendu, par cet exemple contagieux, un service signalé au prolétariat de ce pays.

Si les faits acquis tendent à prouver, autant et mieux que les arguments, que la réduction de la journée de travail ne saurait faire disparaître le chômage, ni même le réduire fortement, il ne faudrait pas croire, par un excès inverse, que cette réforme ne peut en aucun cas diminuer le nombre des chômeurs. Les formules absolues sont fausses spécialement en sociologie. En nombre de cas déterminés, surtout lorsque le travail est payé à l'heure et qu'il s'exécute sans le concours des machines, dans l'industrie du bâtiment, par exemple, une réduction appréciable de la journée peut, pendant un temps, réagir sur la production et diminuer le nombre des chômeurs. A plus forte raison il peut en être ainsi lorsque le travail consiste, comme dans les transports, non à produire effectivement, mais à remplir un office de conducteur, de receveur ou de surveillant.

D'autre part, un projet de loi sur le repos hebdomadaire — actuellement en discussion au Parlement et qui sera sans doute promulgué d'ici mai 1906, c'est-à-dire avant la fin de la présente législature — fera diminuer le chômage dans une certaine mesure, notamment dans l'alimentation et le commerce de détail. Dans la plupart des établissements alimentaires, surtout dans les villes, le travail est continu; il y a même plus de besogne le dimanche que les autres jours. En obligeant le patron à donner un jour de repos par semaine à tout son personnel, en même temps qu'elle procurera un minimum de loisir à ceux qui sont occupés, la loi sur le repos hebdomadaire déterminera une meilleure répartition du travail et, par suite, assurera un emploi temporaire et quelquefois permanent à une partie des nombreux chômeurs de l'alimentation.

MOYENS EMPLOYÉS POUR DIMINUER LE CHOMAGE

Si force est d'admettre que la diminution de

la journée de travail, malgré ses grands avantages pour l'ouvrier, ne peut avoir pour heureuse conséquence de supprimer radicalement le chômage, ni même de le réduire dans une mesure très forte, il faut examiner les moyens employés jusqu'ici pour fournir du travail aux chômeurs.

Nous passerons sous silence l'assistance par le travail. Si cette forme perfectionnée de la charité peut rendre et rend effectivement quelques services aux pauvres, elle ne s'adresse pas aux ouvriers. D'ailleurs cette étude concerne, non les œuvres de charité, mais les œuvres de solidarité.

Le moyen le plus direct, le plus naturel, de venir en aide à un chômeur, c'est de lui procurer un emploi dans sa profession.

Cette fonction a été remplie, pendant la seconde moitié du XIXe siècle, par des agences autorisées par l'État sous le nom de bureaux de placement. L'un des nombreux vices de l'institution était de faire payer le placement par le chômeur et même de lui faire verser un droit d'inscription.

La loi du 14 mars 1904 a enfin mis un terme à cet abus. Elle ne supprime pas les bureaux de placement, mais elle autorise les communes à les supprimer « moyennant une juste indemnité ». Elle stipule — c'est là son avantage essentiel — que le placement doit être payé non plus par l'ouvrier mais par le patron. Elle oblige les communes de plus de 10,000 habitants à tenir un bureau municipal de placement gratuit et elle énumère les institutions : syndicats de patrons et d'ouvriers, bourses du travail, sociétés de secours mutuels et associations diverses, qui pourront ouvrir des bureaux de placement gratuit[1].

La loi de 1904 améliore la situation antérieure, mais on ne saurait dire à l'heure actuelle si elle résoudra convenablement le problème.

Peut-on, par une organisation perfectionnée du placement, faire coïncider la demande avec l'offre de travail au point de supprimer le chômage ou tout au moins de diminuer notablement le nombre des chômeurs ? Pour répondre à la question, il convient de noter les résultats des enquêtes de l'Office du travail sur les institutions de placement. Une première enquête a été faite en 1891[2], une seconde en 1900[3] et une troisième en 1903, au moment de la discussion de la loi récemment promulguée[4]. Il suffit de citer les deux enquêtes les plus récentes.

Sur 1,455 bureaux de placement payant, 512 ont fait connaître aux enquêteurs de 1900 le résultat de leurs opérations. Ils avaient, pendant l'année, effectué 655,200 placements. La répartition des emplois par profession donne les proportions suivantes :

1. Loi du 14 mars 1904 sur les bureaux de placement. *Bulletin de l'Office du travail*, mars 1904, p. 253.

2. *Le Placement des employés, ouvriers et domestiques.* Paris, Berger-Levrault, 1893.

3. *Bulletin de l'Office du travail*, novembre 1901, p. 779.

4. *Bulletin de l'Office du travail*, année 1904, p. 127, 211 et 335.

	p. 100
Employés et ouvriers de l'alimentation	42,5
Domestiques..................	36
Employés de commerce, coiffeurs, artistes, etc..................	5
Manœuvres et ouvriers de l'industrie..	16,5

L'enquête de 1903 a porté sur les institutions de placement gratuit : bureaux municipaux de Paris et des départements, bourses du travail, syndicats patronaux, syndicats ouvriers et sociétés de secours mutuels.

Pour les bureaux municipaux, « on remarquera, dit l'enquêteur, le très petit nombre d'ouvriers de métiers placés par les bureaux de placement municipaux. »

62 bourses du travail ont procuré, en 1902, 75,175 emplois : 44,631 à demeure et 30,544 en extra. Les personnes placées sont, en grande majorité, des domestiques, surtout femmes. « Ce fait est d'autant plus remarquable, dit l'enquêteur, que les domestiques n'appartiennent pas en général aux syndicats réunis dans les Bourses du travail. »

Sur 29 offices de placement créés par des syndicats patronaux et ayant procuré, en 1902, 10,099 emplois, 16 appartiennent à l'alimentation et, à eux seuls, deux offices réservés aux épiciers ont fait 5,482 placements, soit plus de la moitié.

Les services de placement des syndicats ouvriers ne donnent de résultats appréciables que pour le personnel de l'alimentation et les domestiques. Il en est de même dans les sociétés de secours mutuels.

En résumé, conclut l'enquêteur, « les personnes qui s'adressent aux offices de placement gratuit sont, en grande majorité, des domestiques. Viennent ensuite les ouvriers et employés de l'alimentation, les manœuvres et ouvriers agricoles. Les ouvriers des autres métiers usent peu ou point de l'intermédiaire des offices de placement gratuit. »

Les domestiques et le nombreux personnel de l'alimentation utilisent donc les offices de placement. Quant aux autres travailleurs, les faits démontrent, à quelques exceptions près, qu'ils recherchent un emploi directement et sans intermédiaire.

Il faut regretter que le placement ne soit pas encore mieux organisé dans l'industrie. Le placement direct signifie qu'en dehors des cas où il se place par relations personnelles, l'ouvrier va de maison en maison, à l'heure de l'entrée, demander un emploi au contre-maître ou au patron. Outre ce qu'elles ont d'humiliant pour l'ouvrier, ces démarches peuvent porter un préjudice collectif, en ce qui touche les salaires et les améliorations nécessaires. Les syndicats ont intérêt, semble-t-il, à examiner plus attentivement la question en vue de faire disparaître ce placement personnel trop archaïque.

Quant à l'influence que l'office de placement, même syndical, peut exercer sur le chômage, on vient de constater qu'elle est presque nulle.

∴

Un second moyen direct de venir en aide aux chômeurs consiste à les occuper à des travaux communaux moyennant un salaire minime. Voici l'importance de ces travaux de secours pendant l'année 1903[1] :

707 communes de 58 départements ont consacré à ces travaux 1,744,000 fr. Le montant de la dépense avait été, en 1902, de 1,674,000 fr. et, en 1901, de 1,666,000 fr.

Pour l'année 1903, 350 communes ont indiqué que 29,640 chômeurs avaient fait 540,185 journées.

Les travaux communaux rendent des services à quelques milliers de chômeurs chaque année, mais ce remède est tout à fait impuissant à soulager même momentanément la masse des chômeurs qui comprend 300,000 hommes, pour prendre le chiffre le plus faible. Ces travaux consistent habituellement en réfection et entretien des voies et, le plus souvent, ils ne sont organisés que pendant l'hiver. En réalité, ils ne sont qu'une forme, d'ailleurs supérieure, des secours aux indigents. Au point de vue du chômage, ils ne peuvent pas être une solution, même médiocre. Selon le mot de M. Millerand, ce n'est à cet égard qu'un expédient.

Après cet examen sommaire des moyens proposés pour faire disparaître le chômage et des

1. *Bulletin de l'Office du travail*, nov. 1904, p. 984.

moyens employés pour en atténuer les conséquences, on peut dire que la question reste à peu près entière. Des remèdes plus efficaces sont nécessaires. A ce titre, nous examinerons bientôt la valeur du nouveau moyen adopté par le Parlement, non pour faire disparaître le chômage, ni même pour diminuer le nombre des chômeurs, mais seulement pour aider ceux-ci à supporter les dures conséquences du manque de travail.

Pour apprécier en connaissance de cause les motifs qui ont guidé le choix de l'Etat, il faut d'abord connaître le système de Gand et ses résultats, et aussi les institutions et systèmes qui ont été employés jusqu'ici pour atteindre au même but. Il faut savoir, en outre, quelle est l'importance — et aussi quel est l'avenir — de la caisse syndicale de chômage, base sur laquelle repose le système adopté.

CHAPITRE II

LES INSTITUTIONS DE SECOURS ET D'ASSURANCE CONTRE LE CHOMAGE

Dans ce chapitre consacré, ainsi que les deux suivants, aux faits et aux documents — et dont le lecteur est prié d'excuser l'aridité — les diverses institutions de secours et d'assurance contre le chômage seront classées, d'après leur nature, en quatre groupes : les caisses communales facultatives et les institutions philanthropiques ; l'assurance obligatoire ; les caisses fédérales et syndicales ; les caisses ouvrières subventionnées.

Il paraît inutile de relater les rares caisses de chômage qui ont été fondées par des patrons pour leurs ouvriers. Il en existe quelques-unes en Allemagne et en Autriche. On ne connaît bien, en France, que la Société d'assurance mutuelle contre le chômage de l'imprimerie Hérissey, à Evreux [1]. Ces caisses patronales ne prendront sans doute aucune extension, car les travailleurs ne pourraient faciliter leur création et leur fonctionnement sans aliéner d'autant leur indépendance.

1. *Le Chômage*, par M. Cagninacci, pp. 167 et 316. Paris, A. Rousseau, 1903.

CAISSES COMMUNALES FACULTATIVES ET INSTITUTIONS PHILANTHROPIQUES

Sans manquer d'intérêt, comme étude des divers moyens propres à soutenir les chômeurs, les institutions ayant, soit le caractère philanthropique, soit celui d'une caisse communale, sont fort peu nombreuses jusqu'ici. Nous n'avons en effet à citer que les caisses de Berne, Cologne, Leipzig, Bâle, Venise et le service spécial organisé par la Caisse d'épargne de Bologne.

Ville de Berne. — Caisse d'assurance contre le chômage. — Fondée en 1893, avec l'appui du conseil municipal, la caisse de chômage de Berne ne s'occupe que du chômage d'hiver ; c'est dire qu'elle intéresse presque exclusivement les ouvriers du bâtiment. Elle est annexée à un bureau de placement.

La cotisation est de 0 fr. 70 par mois ; elle doit être payée toute l'année pour donner droit à l'indemnité pendant les mois d'hiver. En outre, le chômeur doit avoir travaillé, au cours de l'année, pendant six mois au moins chez un patron de la ville.

La période de secours va du 1er décembre au 28 février, soit trois mois. La durée du secours pour chaque adhérent se décompose en deux parties : une première qui dure 20 jours et pendant laquelle l'indemnité quotidienne est de 2 fr. pour les chefs de famille et de 1 fr. 50 pour les célibataires, et une seconde de même durée, pendant laquelle les indemnités sont respectivement abaissées à 1 fr. 50 et 0 fr. 80.

Depuis douze ans qu'elle fonctionne et qu'elle dispose du concours des autorités et de personnes désirant se rendre utiles aux travailleurs, la caisse n'a pris qu'un faible développement. Le nombre des adhérents a passé de 354 en 1893, à 719 en 1903. Sur ce dernier nombre, la proportion des ouvriers du bâtiment est de 96 p. 100, dont 70 p. 100 de manœuvres.

Pour les neuf exercices (1894-1903), la proportion moyenne des chômeurs a été de 47 p. 100, ou près de la moitié du nombre des adhérents. En 1903, sur 719 membres, 292 (ou 40 p. 100) ont touché les indemnités.

Pendant la même période, la proportion entre les cotisations des adhérents et le montant des indemnités a été de 18 p. 100 seulement. En 1903, les cotisations ont été de 3,930 fr., alors que les indemnités se sont élevées à 13,463 fr., soit une proportion de 28 p. 100.

La plus forte partie des dépenses annuelles a constamment été couverte par la commune. La subvention municipale a passé de 5 à 7,000 francs par an, pour atteindre, en 1903, 12,000 francs.

En résumé, la caisse de Berne, malgré son titre, n'est pas une institution d'assurance, mais bien plutôt une institution communale d'assistance.

Ville de Cologne. — Caisse d'assurance contre le chômage en hiver. — Fondée en 1896 par des philanthropes avec le concours de la municipalité, la caisse disposa de 100,000 marks comme première mise de fonds. Comme celle de Berne, elle n'alloue des secours que pendant trois mois de chaque hiver, du 10 décembre au 10 mars ; par suite, elle vient surtout en aide aux ouvriers du bâtiment.

Les ressources proviennent des subventions municipales, des cotisations des membres honoraires et de celles des ouvriers adhérents. La cotisation hebdomadaire a été pendant plusieurs années de 35 pfennigs pour les ouvriers qualifiés, et de 25 pour les non qualifiés. Depuis 1903, elle est de 40 pfennigs pour les premiers et de 30 pour les seconds. Pour avoir droit à l'indemnité, l'adhérent doit notamment avoir payé la cotisation pendant 34 semaines consécutives. Par suite, il doit s'inscrire entre le 1er avril et le premier dimanche de juin, dernier délai, pour avoir droit aux indemnités payables à partir du 10 décembre suivant.

L'indemnité est la même pour les deux catégories d'ouvriers : 2 marks par jour pendant les vingt premiers jours, dimanches non compris, puis 1 mark, pendant le reste du temps de chômage, sans que la période puisse dépasser huit semaines pour chaque membre.

La caisse est administrée par un conseil de 26 membres, dont 12 ouvriers. Une assemblée générale, à laquelle tous les ouvriers adhérents peuvent prendre part, a lieu chaque année. Enfin, la caisse est annexée à un office de placement.

Une disposition statutaire (art. 17) est à noter. Le nombre des ouvriers adhérents est limité.

La direction peut suspendre les admissions quand elle le juge nécessaire. Elle y est obligée lorsque le nombre des membres admis est tel que, si tous recevaient le maximum des secours, le montant de la dépense absorberait les deux tiers des fonds de la caisse. Par application de cette mesure prudente, l'admission est refusée à un certain nombre d'ouvriers depuis l'exercice 1901-1902.

Pendant les cinq premières années, la caisse n'eut pas grand succès auprès des ouvriers. En 1900, elle ne comptait que 228 ouvriers ayant droit aux indemnités. L'effectif s'éleva à 536 l'année suivante, 1,083 en 1902 et 1,335 en 1903.

La proportion des chômeurs par rapport au nombre des adhérents est très élevée : 70 p. 100 pendant les cinq années 1898 à 1903. Pour cette dernière année, le nombre des chômeurs a été de 964 sur 1,355 adhérents.

Pendant la même période, les cotisations ont couvert 42 p. 100 du montant des indemnités. En 1903, les indemnités se sont élevées à 28,807 marks, et les cotisations ont produit 14,535 marks, ou 50 p. 100.

A la fin de l'exercice 1903, il y avait en caisse 109,283 marks, y compris une nouvelle subvention de 20,000 marks allouée par la municipalité.

En dehors de ces résultats assez satisfaisants, la caisse de Cologne se signale par des statuts aussi bien adaptés que possible à l'objet de l'institution et par une administration à la fois prudente et avisée.

A *Leipzig*, une caisse de chômage a été fondée, en 1903, sur le modèle de celle de Cologne. Un appel a été adressé aux personnes riches qui, pour obtenir le titre de membres fondateurs, doivent verser 500 marks. Suivant le salaire de l'ouvrier, la cotisation est de 30, 40, 50 et 60 pfennigs par semaine. L'indemnité est de 1 mark par jour pour le célibataire ; elle varie, d'après le nombre des enfants, entre 1 m. 20 et 1 m. 55 pour les pères de famille. La durée de l'indemnité est de 42 jours par an.

Ville de Bâle. — Caisse des chômeurs de l'Union des ouvriers. — Cette caisse fut fondée le 15 avril 1901, sur l'initiative du Dr Wassilieff, son président depuis cette époque, et après échec d'un projet d'assurance obligatoire, élaboré par M. Georges Adler, professeur, en 1893 et finalement repoussé, par 5.458 voix contre 1,119, au referendum du 17 février 1900. On assure que la majorité des ouvriers vota contre ce projet.

La caisse admet comme adhérents les ouvriers de moins de 55 ans demeurant et travaillant à Bâle. La cotisation est de 0 fr. 40 par mois pour un salaire de moins de 4 fr.; 0 fr. 50 pour un salaire de 4 à 5 fr., et 0 fr. 60 pour les salaires supérieurs à 5 fr. Il faut être adhérent depuis six mois et au pair des cotisations pour avoir droit à l'indemnité de chômage. Celle-ci est, depuis 1902, de 1 fr. 30 par jour ou 9 fr. 10 par semaine, le dimanche étant compris. Les dix premiers jours de chômage ne sont pas indemnisés.

Des mesures spéciales doivent être prises (cotisation supplémentaire, secours en nature, etc.), lorsque le nombre des chômeurs dépasse le sixième des adhérents.

La caisse est administrée par un bureau de 15 membres : 9 sont élus par l'assemblée géné rale et 4 sont désignés par les chômeurs. Le président et le caissier sont, en outre, élus par l'assemblée.

La caisse est en relation étroite avec le bureau de placement institué par la ville de Bâle.

. Outre les cotisations des adhérents, les ressources proviennent des dons de membres honoraires (91 membres en 1902), d'une subvention annuelle du canton (3,000 fr. depuis 1903) et d'une subvention annuelle de 1,000 francs de la Coopérative de consommation.

Le nombre des adhérents était de 866 en 1902 et de 1,174 en 1903, mais, dit le compte rendu de cet exercice, « beaucoup de membres n'ont pas rempli leurs faibles obligations envers la caisse ».

102 adhérents (11 p. 100) ont touché l'indemnité en 1902 et 168 (14 p. 100) en 1903. Les indemnités ont été de 2,852 francs en 1902 et 5,378 fr. 70 en 1903. Les cotisations des adhérents ont produit 2,161 fr. 60 la première année et 2,338 fr. 40 la seconde, soit, pour les deux exercices, une proportion de 54 p. 100 des indemnités.

Ville de Venise. — Société de prévoyance pour les chômeurs. — Fondée par des philanthropes avec le concours financier de la municipalité, cette Société fonctionne depuis 1900 environ. La cotisation des ouvriers adhérents, qui était de 0 fr. 40 par mois, a été portée à 1 franc en 1904. Les indemnités varient avec la situation familiale de chaque ouvrier; la plus forte indemnité est de 1 fr. 50 par jour pour les pères de famille.

La Société ne recrute des adhérents que parmi les ouvriers très exposés au chômage. Ils sont d'ailleurs peu nombreux. Pendant l'exercice 1903-1904, on n'a compté que 452 adhérents, sur lesquels 329, ou 73 p. 100, ont reçu 17,207 fr. 50 [1].

Caisse d'épargne de Bologne. — Depuis 1896, cette caisse d'épargne autorise les ouvriers à verser, sur livret spécial, 40 francs au plus ; elle consacre les intérêts d'un fonds de 200,000 francs, prélevés sur les bénéfices, à majorer les versements effectués. En cas de chômage, l'ouvrier peut retirer 1 fr. 50 au plus par jour, jusqu'à épuisement du compte, y compris l'allocation de la caisse.

En 1900, 107 ouvriers possédaient 938 francs. Cette somme avait été majorée de 880 francs, soit 93 p. 100. Au 31 mai 1904, 691 ouvriers avaient pris un livret.

Si les résultats obtenus jusqu'ici sont presque insignifiants, l'initiative de la Caisse d'épargne de Bologne n'en est pas moins intéressante à signaler, — ne serait-ce que pour

1. *Contre la disoccupazione*, publication de l'Office du travail de la Société humanitaire, Milan, 1905.

engager les caisses d'épargne de nos centres industriels à faire un effort en faveur des chômeurs, soit directement comme à Bologne, soit plutôt en subventionnant les institutions de secours contre le chômage et, en particulier, les caisses syndicales.

L'ASSURANCE OBLIGATOIRE

Il s'est produit, il y a une quinzaine d'années, en Suisse, — pays qui utilise si heureusement sa situation politique et son morcellement cantonal pour faire des expériences sociales et ainsi servir de creuset sociologique à toute l'Europe — un courant d'opinions en faveur de l'assurance obligatoire contre le chômage et un canton de la Suisse allemande, plus audacieux que les autres, a tenté de faire passer le système dans la pratique.

Canton de Saint-Gall. — La Caisse d'assurance obligatoire contre le chômage. — Après deux ans de travaux préparatoires, une loi sur l'assurance obligatoire contre le chômage, présentée par le gouvernement cantonal, fut adoptée, le 19 mai 1894, par le grand conseil du canton, à la majorité de 111 voix contre 18. La loi autorisait les communes et les unions de communes du canton à organiser l'assurance mutuelle et obligatoire contre le chômage et réglait les conditions générales de cette assurance.

Voulant appliquer la loi, qui avait été faite sur sa demande, la ville de Saint-Gall proposa à ses deux communes suburbaines, Tablatt et Straubenzel, de former dans ce but une union intercommunale. Après refus de celles-ci, Saint-Gall, ville de 30,000 habitants, créa une caisse obligatoire qui commença à fonctionner le 1er juillet 1895.

Les ouvriers dont le salaire ne dépassait pas 5 francs par jour, furent soumis à l'assurance ; les typographes possédant une caisse syndicale de chômage en furent dispensés ; les ouvriers et apprentis ne gagnant pas 2 francs par jour en furent exclus.

L'ouvrier astreint à l'assurance et ne payant pas la cotisation ou prime devait être puni d'une amende de 3 à 25 francs et de un à cinq jours de prison.

La prime à payer chaque semaine par les assurés et l'indemnité quotidienne servie aux chômeurs furent ainsi fixées, proportionnellement aux salaires :

1re catégorie, salaires de 3 fr. et moins : prime hebdomadaire, 0 fr. 15; indemnité quotidienne, 1 fr. 80.

2e catégorie, salaires de 3 à 4 fr. : prime hebdomadaire, 0 fr. 20 ; indemnité quotidenne, 2 fr. 10.

3e catégorie, salaires de 4 à 5 fr. : prime hebdomadaire, 0 fr. 30 ; indemnité quotidienne, 2 fr. 40.

La durée de l'indemnité était de 60 jours par an.

On avait fait des prévisions sur le nombre des assurés et leur répartition dans les trois catégories. La réalité déjoua ces prévisions, comme l'indique, pour le premier exercice, le relevé suivant :

	Assurés prévus	Assurés inscrits
	—	—
1re catégorie..........	600	2.895
2e —	1.800	1.179
3e —	600	126
Totaux.......	3.000	4.200

1,185 ouvriers ayant été rayés au cours de l'exercice pour cause de décès, départ, etc., le nombre des assurés fut de 3,015. Pendant le second exercice il y eut 4,965 assurés. On dut faire condamner 155 ouvriers qui, malgré des avis répétés, s'étaient soustraits à l'assurance.

Comme il fallait verser la prime pendant six mois avant d'avoir droit à l'indemnité, les premières indemnités ne furent payées qu'à dater du 1er janvier 1896. Par suite, les recettes du premier exercice portent sur douze mois, tandis que les dépenses ne portent que sur six mois. C'est ainsi que les opérations de l'année se soldèrent par un excédent de 2,000 francs.

La seconde année fut très mauvaise au point de vue financier. Malgré 14,000 francs de subvention de la commune et du canton, le déficit dépassa 5,000 francs. Les cotisations produisirent 15,500 francs. Les indemnités payées à 498 chômeurs s'élevèrent à plus de 38,000 francs.

La caisse avait été fondée provisoirement pour deux ans. Le conseil communal voulait poursuivre l'expérience, tout en corrigeant sur plusieurs points le mécanisme de l'institution.

L'assemblée générale des électeurs, réunie le 8 novembre 1896, ne fut pas de cet avis : à la majorité des trois cinquièmes, elle vota la suppression de la caisse à partir du 30 juin 1897.

Le mauvais résultat financier n'est pas l'unique cause du vote des électeurs. Ce vote fut influencé par des raisons politiques. Mais l'institution fut aussi combattue pour des raisons tirées du principe de l'assurance obligatoire.

Les ouvriers des professions peu atteintes par le chômage et, d'une manière générale, les ouvriers qualifiés, protestaient contre l'obligation de payer des primes qui ne devaient pas leur profiter. On reprocha à la caisse d'attirer à Saint-Gall les mauvais éléments, de ne profiter qu'aux ouvriers de dernier ordre ou à ceux que frappe un chômage de saison. Des assurés, après avoir payé d'un coup les cotisations arriérées, venaient, le lendemain, toucher l'indemnité ; d'autres ne cherchaient pas de travail tant qu'ils avaient droit à l'indemnité. La prime n'était payée que péniblement : 1,991 assurés devaient des primes en 1896 et, en 1897, lors de la liquidation, le montant des primes non payées s'élevait à 5,700 francs. Enfin, nombre d'ouvriers qualifiés, pour échapper à l'obligation de l'assurance, changèrent de domicile et allèrent habiter les communes voisines.

L'échec de Saint-Gall fit reculer l'idée de l'assurance obligatoire dans toute la Suisse où des projets étaient à l'étude, et notamment dans les cantons de Bâle, Berne, Lausanne et Zurich. Dans ce dernier canton, après cinq ans de discussions, le projet fut, le 7 juillet 1898, repoussé par le grand conseil à la faible majorité de 54 voix contre 42.

L'assurance obligatoire n'est pas abandonnée en Suisse ; elle y est, au contraire, l'objet de discussions et de travaux importants. A la fin de 1901, un des principaux leaders ouvriers, le citoyen Greulich, a publié sur la question un rapport au nom du secrétariat ouvrier. L'auteur propose, non plus à un canton, mais au gouvernement fédéral d'établir l'assurance obligatoire par les communes. Toutefois, une disposition nouvelle donne à l'ensemble du projet une physionomie toute spéciale. A côté de l'assurance obligatoire par les communes, le projet organise et favorise, par des subventions de l'Etat, l'assurance par les syndicats professionnels [1].

Tout récemment, en avril 1905, le Conseil fédéral vient de repousser les divers projets d'assurance qui lui étaient soumis, jugeant que le moment n'était pas encore venu de soumettre au referendum populaire une loi fédérale sur la matière.

*
* *

De la Suisse, l'idée de l'assurance obligatoire a passé en Allemagne où, s'appuyant sur les

1. Pour renseignements plus complets sur les institutions de secours et d'assurance, voir : *Les caisses de chômage*, publication du Conseil supérieur du travail, 1903 ; *Le chômage*, par H. Cagninacci, Paris, Rousseau, 1903 ; *L'assurance obligatoire contre le chômage*, par Raoul Jay ; *Revue pol. et parlem.*, 1894, 1895 et 1896 ; *Musée social*, circulaire de 1896 ; le *Bulletin de l'Office du travail*, *passim*.

assurances sociales déjà réalisées par la loi (accidents, maladie, invalidité), elle rencontre des partisans nombreux parmi les sociologues et dans les divers partis politiques. De tous les pays d'Europe, c'est en Allemagne, surtout depuis la crise économique de 1902, que la question occupe la plus grande place dans l'opinion et qu'elle a donné lieu aux plus importants travaux, parmi lesquels il faut citer ceux de M. Schanz, de M. Freund, de M. Francke, etc.

Des divers projets soumis au Reichstag, nous noterons le projet Sonnemann, déposé dès 1896 et organisant l'assurance obligatoire par les communes, et le projet du citoyen Molkenbuhr, député socialiste, lequel rattache l'assurance obligatoire contre le chômage à l'institution officielle des caisses d'invalidité. Un autre député socialiste, le citoyen von Elm, soutient que l'assurance contre le chômage ne peut et ne doit être organisée que par les syndicats ouvriers, avec le concours financier des communes, des Etats et de l'empire allemand. Le projet von Elm, soutenu par le citoyen Bernstein, repousse tout système d'assurance ne reposant pas sur le syndicalisme autonome. C'est le seul projet qu'approuvent les Gewerkschaften, c'est-à-dire les principaux syndicats allemands [1].

*
* *

En Angleterre, cette grave question de l'obligation de l'assurance contre le chômage n'est

1. Pour renseignements plus complets sur la question en

même pas posée. Le caractère objectif de ce travail nous fait un devoir de le constater.

On sait qu'une crise économique a sévi sur l'Angleterre pendant l'hiver 1904-1905, causant dans les centres industriels un chômage intense dont le gouvernement et le Parlement, malgré leur attitude défavorable au mouvement ouvrier, ont dû se préoccuper sous la pression de l'opinion publique.

Parmi les nombreux moyens proposés aux pouvoirs publics pour venir en aide aux sans-travail, nous ne retiendrons que ceux qui émanent de la Société Fabienne — dont les doctrines à tendances fortement socialistes sont caractérisées par la municipalisation de tous les services publics — et les moyens proposés par les syndicats eux-mêmes, c'est-à-dire par le Comité de la représentation du travail au Parlement, Comité formé par les trade unions.

Dans une conférence organisée par ce dernier le 25 janvier 1905 et présidée par le citoyen Keir Hardie, il a été demandé notamment : l'ouverture de travaux extraordinaires par les communes et par l'État pour occuper momentanément les chômeurs ; la nourriture gratuite des enfants dans les écoles et la création d'un ministère du travail.

Dans un mémoire publié le 21 décembre 1904, la Société Fabienne recommande, elle aussi, l'ouverture de travaux publics extraordi-

Allemagne, voir *Les formes nouvelles de l'assurance contre le chômage*, par Louis Varlez, p. 134. Paris, Rousseau, 1903 ; 3 fr. 50.

naires, la mise en réserve de travaux publics pour l'hiver, l'organisation de bureaux de placement, le reboisement des forêts, des travaux spéciaux pour les non-qualifiés, la création de colonies agricoles pour les ouvriers inaptes au travail industriel, la création d'un ministère du travail, etc. La Fabian Society repousse la création, par les municipalités, d'ateliers industriels proprements dits, dans lesquels les ouvriers qualifiés en chômage seraient occupés à des travaux de leur profession. Ce procédé artificiel ne peut donner aucun résultat utile. D'autre part, la Société estime que la réduction des heures de travail, dont elle est d'ailleurs un partisan résolu, ne peut être considérée, au regard du chômage, que comme un remède indirect dont les effets ne sauraient se faire sentir immédiatement. Si une réduction de la durée du travail est un moyen propre à augmenter le nombre des ouvriers dans quelques services spéciaux, tels les transports, il est généralement admis, dit-elle, qu'une réduction modérée des heures de travail ne diminue pas la production de chaque ouvrier, et que, par suite, elle n'augmente pas le nombre des emplois disponibles.

Quoi qu'il en soit, les syndicats eux-mêmes n'ont proposé ni l'obligation de l'assurance, ni même le concours financier des pouvoirs publics en faveur des caisses syndicales de chômage, dont la crise de l'hiver dernier a cependant fait croître les dépenses dans une mesure considérable.

CHAPITRE III

LES CAISSES OUVRIÈRES
CAISSES FÉDÉRALES EN SYNDICALES

Avec les caisses de chômage fondées par les fédérations et syndicats ouvriers, nous abordons l'institution la plus importante, à beaucoup près, de celles qui doivent être étudiées dans ce travail.

Dans tous les pays industriels, les syndicats ont créé, avec un succès encore très inégal, des caisses spécialement destinées à verser aux syndiqués une indemnité en cas de chômage. Le service syndical de chômage vient en aide aux adhérents sous la double forme d'un secours de route ou viaticum et d'un secours sur place. Dans les caisses fédérales, on commence généralement par organiser les secours de route, puis, après un temps plus ou moins long, le secours sur place est institué. Les caisses locales ne peuvent organiser que le secours sur place et, sauf exceptions, d'une façon rudimentaire.

Il serait fort utile de faire une revue générale et complète des caisses syndicales de chômage existantes, sinon dans le monde entier, du moins en Europe et en Amérique. Outre qu'en l'état présent de la documentation il serait assez difficile d'aboutir, un travail aussi considérable dépasserait les limites de cette étude, sans lui être directement nécessaire. Laissant à un auteur plus entreprenant et moins occupé le soin d'accomplir cette tâche énorme[1], nous fournirons seulement des renseignements aussi complets que possible sur les caisses syndicales de chômage en Angleterre, en Allemagne et en France.

Angleterre. — Terre classique du syndicalisme[2], l'Angleterre est aussi le pays où les caisses syndicales de chômage ont acquis le développement le plus considérable. Le mouvement a d'ailleurs suivi, au cours du XIXe siècle, une marche parallèle à celle des syndicats.

La première caisse de chômage fut fondée, en 1831, par la Fédération des mouleurs en fer. L'exemple fut suivi, de 1841 à 1860, par 10 fédérations ou syndicats; de 1861 à 1875, par 18; de 1876 à 1890, par 97 organisations syndicales. Le nombre des caisses de chômage s'est élevé à 193 en 1891, à 293 en 1892 et à 407 en 1893. A la fin de 1903, des caisses de chômage exis-

1. Notre futur auteur est informé que ce travail utile a été fait récemment pour l'imprimerie, profession peu importante mais qui tient le premier rang en matière de caisses de chômage : *Les organisations ouvrières dans l'industrie du livre*, publication du Secrétariat typographique international, Bâle, 1903.

2. *Le syndicalisme anglais*, résumé historique (1799-1902), par F. Fagnot, n° 16 de la Bibliothèque socialiste.

taient dans la plupart des 1,166 fédérations et syndicats comprenant 1,902,308 adhérents.

Dans le bâtiment (pierre), les principales fédérations possèdent un service de viaticum. Une seule, la *Fédération des peintres*, a un service de chômage : l'indemnité est de 8 fr. 75 par semaine pendant huit semaines, au cours des mois de décembre, janvier et février.

A titre d'exemple, voici le taux et la durée de l'indemnité hebdomadaire dans quelques grandes caisses de chômage : *Charpentiers et menuisiers* : 12 semaines à 12 fr. 50 et 12 semaines à 7 fr. 50, soit 240 fr. par an. — *Typographes* de Londres : 16 semaines à 15 fr., ou 240 fr. par an. — Fédération des *typographes* : *a*) adhérents ayant vingt ans de présence, 10 fr. pendant 7 semaines par trimestre ou 28 semaines par an, soit 280 fr. ; *b*) adhérents ayant de dix à vingt ans de présence, 6 semaines par trimestre ou 24 semaines par an à 10 fr. ; *c*) adhérents ayant moins de dix ans, 5 semaines par trimestre ou 20 semaines par an à 10 fr. — *Mouleurs en fer* : 13 semaines à 11 fr. 25, 13 semaines à 10 fr., et 26 semaines à 7 fr. 50, soit 471 fr. 25 en un an ; au-delà, 1 fr. 25 par semaine seulement. — *Chaudronniers et constructeurs de navires* : suivant ancienneté, 5 à 12 fr. 50 pendant 14 semaines, et 2 fr. 50 à 6 fr. 25 pendant 14 semaines ; durée maximum par année, 14 semaines. — *Mécaniciens* : *a*) adhérents ayant dix ans de présence, 14 semaines à 12 fr. 50, 30 semaines à 8 fr. 75 puis 7 fr. 50 par semaine aussi longtemps que le chômeur n'a pas retrouvé un emploi; maximum annuel, 497 fr. 50; *b*) adhérents ayant de cinq à dix ans de présence: 14 semaines à 12 fr. 50, 30 semaines à 8 fr. 75 et 34 semaines à 7 fr. 50; maximum, 692 fr. 50 pendant une période de 78 semaines; *c*) adhérents depuis moins de cinq ans, 14 semaines à 12 fr. 50, 14 semaines à 8 fr. 75 et 24 semaines à 7 fr. 50; maximum, 477 fr. 50. — *Ouvriers du coton*: le taux et la durée sont fixés par section. Le taux est en général de 12 fr. 50 par semaine; la durée est de 5, 8, 10, 13 et 32 semaines selon les sections. — *Verriers* du Yorkshire: 12 semaines à 11 fr. 25, 12 semaines à 7 fr. 50 et 18 semaines à 3 fr. 10; maximum, 280 fr. 80 par an[1].

Les trois tableaux ci-contre donneront une idée, sinon complète, du moins suffisante, du développement des caisses de chômage dans les fédérations et syndicats anglais.

Le tableau I (p. 55) donne les résultats des services de viaticum et de chômage de 1892 à 1903 (12 années) dans les 100 fédérations et syndicats les plus importants. Pendant cette période, la dépense du chômage a varié entre 15 et 31 p. 100 des dépenses totales, avec une moyenne de 22 p. 100. Le coût moyen de la dépense, pour chaque adhérent, a été de 8 fr. 49 par année, avec un minimum de 4 fr. 25 en 1899 et un maximum de 12 fr. 72 en 1893. Pour 1903, ce coût moyen par adhérent s'est élevé à 11 fr. 23.

1. Extraits du *Rapport sur les Trade-Unions*, année 1899. Pour la Fédération des mécaniciens, les renseignements proviennent des statuts, édition de 1904.

I. — RÉSULTATS DES SERVICES DE VIATICUM ET CHOMAGE DES 100 FÉDÉRATIONS PRINCIPALES

de 1892 à 1903 (douze ans)

ANNÉES	POUR 100 des chômeurs	NOMBRE d'adhérents	DÉPENSES totales	DÉPENSES de viaticum et chômage	POUR 100 des dépenses affectées au chômage	COUT MOYEN du chômage par adhérent
			FRANCS	FRANCS		FRANCS
1892....	6,3	902.763	36.186.052	8.202.942	22,7	9 05
1893....	7,5	909.222	46.335.113	11,560.611	25,0	12 72
1894....	6,9	924.100	35.939.407	11,293.012	31,4	12 25
1895....	5,8	910.320	34.742.560	10,492.713	30.2	11 50
1896....	3,4	958.658	30.750.131	6.600.021	21,5	6 88
1897....	3,3	1,058.659	48.001.537	8.275.233	17,2	7 80
1898....	3,0	1,034.377	37.470.570	5,996.092	16,0	5 78
1899....	2,4	1.111.329	31.662.565	4.730.133	14,9	4 25
1900....	2,9	1.150.995	36.577.402	6.581.538	18,0	5 70
1901....	3,8	1.153 744	41.065.993	8 202.790	20,0	7 09
1902....	4,4	1.148.582	45.029.6 2	10.612.852	23,5	9 25
1903....	5,1	1.133.640	47.849.453	12.731.403	26,6	11 23
			471.609.795	105.279.340	22,3	8 49

Les tableaux II et III portent sur l'année 1903.

Le tableau II (p. 57) fait connaître la dépense du viaticum et chômage dans les 100 fédérations et syndicats principaux, répartis en neuf groupes d'industries. Les 100 organisations comprennent 1,133,640 adhérents ou 59 p. 100 de l'effectif total des syndiqués. Sur une dépense totale de 47 millions, plus de 12 millions 700,000 francs, soit 26,6 p. 100, ont été consacrés au service du viaticum et chômage.

La dépense du chômage se répartit très inégalement entre les neuf groupes d'industries. La plus forte dépense proportionnelle, 54 p. 100, s'est produite dans l'industrie textile. Le fait est exceptionnel et résulte de la crise qui a sévi, en 1903, dans l'industrie du coton. L'année précédente, la dépense proportionnelle du chômage, dans les textiles, avait été de 36 p. 100. Le service du chômage est solidement organisé dans cinq groupes d'industries : l'imprimerie, les métaux, les textiles, le bois et le bâtiment. En ce qui concerne ce dernier, le fait est d'autant plus significatif que les intempéries et l'hiver, occasionnant un chômage périodique complet et plus ou moins prolongé, rendent l'organisation des caisses de chômage difficile et coûteuse dans les professions du bâtiment.

Pour mesurer exactement la valeur sociale des caisses de chômage du syndicalisme anglais, il importe de noter leur faible développement dans les mines et les transports et

II. — RÉSULTATS, EN 1903, DES SERVICES DE VIATICUM ET CHOMAGE

dans les 100 Fédérations principales

INDUSTRIES	FÉDÉRATIONS	NOMBRE de membres	DÉPENSES totales	DÉPENSES de viaticum et chômage	POUR 100 des dépenses de chômage	COUT MOYEN du chômage par adhérent
			FRANCS	FRANCS		FRANCS
Bâtiment	14	204.060	9.909.135	2.040.250	20,6	10.»»
Mines	15	266.968	5.133.426	455.005	8,9	1.70
Métaux, navires	15	244.691	18.076.045	5.657.085	31,3	23.11
Textiles	21	116.654	5.191.576	2.840.877	54,7	24.42
Vêtement, chaussure	4	45.353	1.566.282	38.279	2,4	0.84
Transports	10	115.251	3 049.524	90.647	3,0	0.78
Polygraphiques	7	44.877	2.213.844	969.776	43,8	21.60
Bois	4	21.204	1 204.930	430.409	35,7	20.29
Diverses	10	74.582	1.534.366	209.095	13,6	2.80
Totaux et moyennes	100	1.133.640	47.849.425	12.731.423	26,6	11.23

III. — RÉSULTATS, EN 1903, DES

dans 25 Fédérations

N° d'ordre	FÉDÉRATIONS OU SYNDICATS	NOMBRE de sections	NOMBRE d'adhérents
1	Briqueteurs	371	37.821
2	Maçons	320	17.140
3	Charpentiers et menuisiers	880	71.547
4	Plombiers	195	11.498
5	Plâtriers	194	9.246
6	Peintres	187	11.077
7	Mineurs du Northumberland	64	23.794
8	Mineurs du Durham	196	86.346
9	Fondeurs d'acier	111	9.808
10	Fondeurs en fer	128	18.427
11	Mécaniciens	655	95.403
12	Chaudronniers (navires)	292	48.582
13	Charpentiers (navires)	139	19.367
14	Cardeurs d'Oldham	12	10.630
15	Fileurs de coton	56	18.315
16	Tisseurs de Burnley	1	12.256
17	Chapeliers (soie)	8	954
18	Compositeurs de Londres	1	11.270
19	Association typographique	136	17.698
20	Imprimeurs-lithographes	55	4.099
21	Relieurs	58	4.266
22	Ameublement	99	6.402
23	Ouvriers en voitures	130	7.366
24	Scieurs à la mécanique	86	4.667
25	Verriers du Yorkshire	15	2.900
	Totaux, p. 100 et moyenne	4.389	560.879

ERVICES DE VIATICUM ET CHOMAGE

et Syndicats principaux

DÉPENSES totales	DÉPENSES de viaticum et chômage	POUR 100 des dépenses affectées au chômage	COUT MOYEN du chômage par adhérent
FRANCS	FRANCS		FRANCS
1.344.158	20.579	1,53	0 54
607.767	68.175	1,12	3 98
4.915.746	1.327.165	26,99	18 55
657.535	157.080	23,88	13 66
405.666	8.736	2,15	0 94
653.066	315.221	48,26	28 46
155.691	7.979	5,12	0 34
1.758.587	274.316	15,59	3 18
466.069	109.938	23,58	11 21
1.600.623	607.692	37,96	32 98
7.754.351	2.156.678	27,81	22 60
4.986.774	1.823.883	36,57	37 54
851.758	177.558	20,84	9 17
334.638	155.691	46,53	14 65
2.414.026	1.432.963	59,36	78 24
351.909	222.225	63,06	18 13
79.386	23.811	29,99	24 96
880.094	425.311	48,32	37 74
627.816	247.778	39,47	14 »»
183.719	69.239	37,69	16 89
162.686	74.765	45,96	17 53
334.360	150.035	44,87	23 44
482.982	149.631	30,98	20 31
228.942	76.129	33,25	16 31
338.804	260.832	76,99	89 94
32.577.153	10.343.410	31,75	18 42

surtout dans le vêtement, groupe comprenant des ouvrières en majorité et dans lequel, en Angleterre comme en France, les mortes-saisons sévissent régulièrement. En outre, les groupes industriels suivants ne figurent même pas dans le tableau : l'alimentation, les cuirs et peaux, les produits chimiques; enfin il n'y a pas de caisses de chômage parmi les non-qualifiés, manœuvres et hommes de peine, si nombreux dans un pays de grande industrie comme l'Angleterre.

Si le syndicalisme anglais a cependant obtenu des résultats importants, s'il occupe même, sur ce terrain comme sur beaucoup d'autres, le premier rang dans le syndicalisme du monde entier, on voit tout le chemin qu'il doit encore parcourir — et on peut se demander si la chose lui sera possible par ses seuls moyens — pour garantir l'universalité des travailleurs anglais contre les conséquences du manque de travail.

Le tableau III (pp. 58 et 59) donne les résultats des deux services, pendant l'année 1903, dans chacun des 25 fédérations et syndicats principaux comprenant plus de 560,000 membres et rayonnant sur 4,389 localités. La dépense du chômage est, en moyenne, de près du tiers de la dépense totale; dans plusieurs caisses, elle s'élève à la moitié. Le coût moyen du chômage pour chaque adhérent est de 18 fr. par an ou 1 fr. 50 par mois ; dans sept sociétés, il va de 24 à 38 fr. par an. Sur six fédérations du bâtiment, quatre ne possèdent qu'un service de viaticum;

seuls les charpentiers et les peintres possèdent les deux services[1].

La caisse de chômage de la Fédération des mécaniciens (*Almalgamated Society of Engineers*) mérite une mention spéciale. Comme nous l'avons indiqué plus haut, presque tous ses adhérents reçoivent une indemnité aussi longtemps que dure le chômage et l'indemnité est, suivant les cas, de 12 fr. 50, 8 fr. 75 et 7 fr. 50 par semaine, soit en moyenne 9 fr., ou 1 fr. 50 par jour. Voici les résultats du service pendant les cinq dernières années[2] :

ANNÉES	ADHÉRENTS	CHOMEURS pour 100	DÉPENSES de viaticum et chômage	COUT moyen par adhérent
			FRANCS	FRANCS
1900	87.672	2,0	1.070.726	12,20
1901	90.943	2,6	1.363.500	15, »
1902	93.252	4,4	2.090.321	22,40
1903	95.403	5,0	2.156.678	22,60
1904	96.106	5,6	3.033.787	31,56

1. Dans le tableau I (col. 2), la proportion des chômeurs est calculée, non sur l'effectif des 100 fédérations, mais sur l'effectif (500,000 m. environ) des Fédérations qui indiquent le nombre de leurs chômeurs au Labour Department.

Les éléments des tableaux I et II proviennent du *Tenth Abstract of labour statistics of the United Kingdom*, publié par l'Office du travail anglais en 1905.

Les éléments du tableau III nous ont été gracieusement fournis par M. D. Schloss, l'un des principaux fonctionnaires du Labour Department.

2. Nous devons ces renseignements au citoyen Barnes, secrétaire général de la Fédération des mécaniciens.

Pendant les cinq années, y compris 1904, année pendant laquelle le chômage fut intense, la dépense moyenne fut, pour chaque adhérent, de 20 fr. 96 par an. Ainsi, avec une cotisation de 1 fr. 75 par mois, soit moins de 6 centimes par jour, une caisse fédérale de chômage, comprenant 96,000 adhérents disséminés dans 666 localités, alloue presque indéfiniment à tous ses chômeurs 1 fr. 50 par jour.

D'après les résultats obtenus par la caisse fédérale des mécaniciens anglais, la première caisse de chômage du monde entier, on voit l'importance que peuvent acquérir les caisses de chômage fondées par les fédérations de syndicats professionnels.

Allemagne. — Suivant une marche parallèle à celle du syndicalisme, ici comme en Angleterre, les services de viaticum et de chômage prennent une place de plus en plus grande, surtout depuis 1901, dans les fédérations et syndicats ouvriers de l'Allemagne.

Le syndicalisme allemand[1] se décompose en six groupes différents, d'après l'esprit et la méthode de chaque groupe, dont voici l'effectif au 31 décembre 1904 :

1. Voir le *Syndicalisme allemand*, résumé historique (1848-1902), par Albert Thomas, n° 20 de la Bibliothèque socialiste.

	Membres
1. — 63 fédérations..................	1.052.108
2. — 19 syndicats locaux..........	20.686
3. — 21 syndicats Hirsch-Duncker.	111.889
4. — 23 syndicats chrétiens........	107.556
5. — 9 syndicats chrétiens indépendants................	99.928
6. — 31 syndicats indépendants....	74.458
166...........................	1.466.625

Nous n'étudierons les services de viaticum et chômage que dans les 63 fédérations centrales (*Gewerkschaften*) du premier groupe. Celui-ci représente 71 p. 100 de l'effectif total et, d'autre part, sur 2,230,000 marks [1] distribués en secours de viaticum et chômage en 1903, les 63 fédérations ont, à elles seules, versé 1,880,000 marks, ou 84 p. 100 du total. Nous regrettons cependant d'écarter ainsi un syndicat de mécaniciens appartenant au troisième groupe et comprenant, en 1904, 43,627 membres [2].

Nous résumons en deux tableaux les documents essentiels sur les services du viaticum

1. Le mark vaut 1 fr. 25; 100 pfennigs égalent 1 mark.

2. Pour étudier le mouvement d'ensemble du syndicalisme anglais, le plus ancien et le plus puissant, il faut recourir aux publications officielles du Labour department, l'Office du travail anglais. En Allemagne, au contraire, les documents sur le syndicalisme sont l'œuvre des syndicats eux-mêmes, ou plus exactement de la Commission générale des Fédérations qui publie notamment un remarquable bulletin hebdomadaire, le *Correspondenzblatt*. Tous les documents relatifs à l'Allemagne sont extraits du *Correspondenzblatt* du 27 mai 1905.

I. — RÉSULTATS DES SERVICES DE VIATICUM ET CHOMAGE, DE 1891 A 1904 (14 ANS)

ANNÉES	FÉDÉRATIONS	ADHÉRENTS	DÉPENSES totales	MONTANT des indemnités — Viaticum	MONTANT des indemnités — Chômage	VIATICUM et chômage : pour 100 des dépenses totales
			MARKS	MARKS	MARKS	
1891....	62	277.659	1.606.534	144.338	64.290	12,98
1892....	56	237.094	1.786.271	382.607	357.081	41,40
1893....	51	233.530	2.036.025	328.748	220.926	27,00
1894....	54	246.494	2.135.606	350.455	239.750	27,63
1895....	53	259.175	2.488.015	302.603	196.912	20,08
1896....	51	329.230	3.323.713	310.000	243.201	16,64
1897....	56	412.359	3.542.807	289.036	260.316	15,50
1898....	57	493.742	4.279.726	283.267	275.404	13,05
1899....	55	580.473	6.450.876	313.391	304.677	9,58
1900....	58	680.427	8.088.021	461.028	501.078	11,90
1901....	57	677.510	8.967.168	607.127	1.238.197	20,58
1902....	60	733.206	10.005.528	709.778	1.393.022	23,02
1903....	63	887.698	13.724.336	613.870	1.270.053	13,73
1904....	63	1.032.108	17.738.756	646.821	1.599.424	12,66
			86.173.382	5.743.069	8.364.337	16,37

et du chômage dans les 63 fédérations, services que nous pourrons étudier séparément, le journal syndicaliste en faisant toujours l'objet de deux chapitres distincts.

Le tableau I (p. 64) présente l'évolution des deux services de 1891 à 1904 inclus, soit pendant quatorze ans. On remarquera d'abord que le service du viaticum est solidement organisé depuis 1892, c'est-à-dire depuis 13 ans. Jusqu'en 1900, la dépense du viaticum s'est maintenue aux environs de 300 mille marks chaque année. Depuis quatre ans, ce service a fait de tels progrès que la dépense annuelle a doublé avec un chiffre de 646 mille marks en 1904.

Les progrès du service du chômage ont été plus lents. De 1892 à 1900, la dépense moyenne n'a été que de 288 mille marks par an, avec un minimum de 196 mille et un maximum de 501 mille. En 1901, la dépense a brusquement passé à 1,200 mille marks pour atteindre, en 1904, 1,599 mille marks. Cette augmentation tient en partie à la crise économique et financière qui s'est abattue sur l'Allemagne en 1901 et 1902 ; mais elle est également due, et dans une plus forte mesure, au développement du service dans les fédérations où il existait et à sa création dans un grand nombre de fédérations au cours de ces dernières années. En 1897, 14 fédérations possédaient un service de chômage ; ce nombre s'est élevé à 21 en 1901, 30 en 1903 et atteint 38 en 1904. L'année dernière, 41 fédérations avaient un service de viaticum. Enfin, en 1904, 51 fédérations, sur 63, ont payé

II. — RÉSULTATS DES SERVICES DE VIAT

FÉDÉRATIONS	SECTIONS	ADHÉRENTS	INDEMNITÉS de chômage	
			Taux par jour	Durée annuelle
			(Pfennigs)	(Jours)
1. Mineurs	»	75.364	80-120	48
2. Ouvriers du bois	660	97.105	100-167	36
3. Charpentiers	561	35.291	—	—
4. Ouvriers du bâtiment	266	33.245	—	—
5. Maçons	914	128.850	—	—
6. Tailleurs de pierres	185	10.012	—	—
7. Peintres	202	22.859	—	—
8. Potiers	142	10.241	—	—
9. Brasseurs	188	18.485	100	45-90
10. Ouvriers des textiles	300	53.568	—	—
11. Ouvriers de fabriques	413	49.181	—	—
12. Tailleurs	263	23.242	—	—
13. Cordonniers	269	25.262	50-130	40
14. Ouvriers des métaux	455	176.221	100-170	60
15. Forgerons	160	12.185	100-200	42
16. Typographes	1.187	38.976	125-150	70, 140, 280
17. Lithographes	128	10.658	150-200	21-42
18. Relieurs	99	15.206	50-175	30-60
19. Ouvriers des tabacs	351	19.456	50-100	40
20. Ouvriers municipaux	41	12.156	—	—
21. Ouvriers de transports	191	36.325	65-150	24-48
22. Ouvriers des ports	69	14.054	—	—
Totaux	7.044	918.542		
41 Fédérations de prof. div.	2.525	133.566		
63 Fédérations (Totaux gén.)	9.569	1.052.108		

…UM ET CHOMAGE PENDANT L'ANNÉE 1904

MONTANT TOTAL des indemnités		COUT MOYEN par adhérent		POUR 100 des dépenses affectées au viaticum et chômage
Viaticum	Chômage	Viaticum	Chômage	
(Marks)	(Marks)	(Marks et pfennigs)	(Marks et pfennigs)	
—	—	—	—	—
69.159	223.097	0,71	2,30	13,03
7.828	—	0,22	—	1,20
6.921	—	0,21	—	1,05
14.010	—	0,11	—	0,64
6.053	—	0,60	—	5,24
6.450	—	0,28	—	1,65
6.301	—	0,62	—	4,00
—	21.489	—	1,16	5,73
7.610	—	0,14	—	1,01
4.852	—	0,10	—	1,27
10.287	—	0,44	—	5,03
8.655	411	0,34	0,02	3,88
192.098	400.804	1,09	2,27	19,27
4.561	17.256	0,37	1,42	15,49
193.627	514.402	4,97	13,20	39,41
25.054	64.080	2,35	6,01	43,12
—	44.131	—	2,90	16,39
7.537	12.108	0,39	0,62	5,10
—	—	—	—	—
—	19.182	—	0,53	3,60
—	—	—	—	—
571.003	1.316.960			12,15
75.818	282.464			16,49
646.821	1.599.424			12,66

des indemnités de viaticum ou de chômage, souvent pour les deux services à la fois.

Si l'on compare la dépense des deux services à la dépense totale des fédérations, on voit qu'elle a été de 16 p. 100 en moyenne pendant la période, avec maximum de 41,40 en 1892 et minimum de 9,58 en 1899. Pendant la crise de 1901-1902, la proportion n'a pas dépassé 23 p. 100, grâce au nombre plus de trois fois supérieur des syndiqués. Pour 1904, le nombre des adhérents ayant atteint plus d'un million, la proportion n'est que de 12,66 p. 100, alors que la dépense des deux services s'élève à plus de 2,200 mille marks.

Le tableau II (pp. 66 et 67) complète le précédent et le rectifie en quelque sorte. L'examen du premier tableau donne à croire — les statistiques exposent souvent à de semblables illusions — que le service du chômage a pris une extension extraordinaire depuis 1901. Le tableau II montre que ce fait est tout à la fois vrai et faux. Il est vrai si l'on se borne à apprécier le mouvement dans son ensemble, puisque la dépense du chômage a plus que triplé en cinq ans : 500 mille marks en 1901 et 1,590 mille marks en 1904. Il est faux si, à l'aide du tableau II, on examine de plus près le mouvement.

Ce tableau fait connaître la dépense des deux services, en 1904, pour chacune des 22 fédérations comptant plus de 10 mille membres. Or, 10 d'entre elles seulement ont versé des indemnités de chômage et 5 dans une mesure très limitée, puisque, pour celles-ci, la dépense de l'année pour chaque adhérent va de 2 pfennigs pour les 25,000 cordonniers à 1 m. 42 pour les 12,000 forgerons. Le service du chômage n'est donc organisé sérieusement que dans cinq fédérations : celles des ouvriers du bois, des métallurgistes et trois fédérations de l'imprimerie, typographes, lithographes et relieurs. Sur un total de 1,599 mille marks, ces cinq fédérations ont dépensé plus de 1,200 mille marks, ou 75 p. 100.

En Allemagne, comme dans tous les autres pays, les organisations de l'imprimerie sont hors pair. L'importance et les résultats des divers services institués par ces fédérations leur donnent une solidité à toute épreuve et augmentent sûrement l'efficacité de leur action directement syndicale[1].

Dans la fédération des ouvriers du bois, l'indemnité de chômage est de 100 ou 167 pfennigs par jour (1 fr. 25 et 2 fr. 08) selon l'ancienneté et la durée de l'indemnité est de 36 jours par an. Sur ces bases et moyennant 2 m. 30 (soit 2 fr. 87 par an ou 0 fr. 24 par mois) payés par chacun de ses 97,000 membres disséminés dans 660 villes, la fédération a pu verser à ses chômeurs 223 mille marks au cours de 1904.

Par suite d'un effectif beaucoup plus considérable — 176,000 adhérents répartis dans 455 localités — la fédération des ouvriers métallurgistes donne des résultats très supérieurs. Avec

1. Les typographes allemands ont obtenu la journée de neuf heures depuis près de dix ans.

un infime versement de 2 m. 27 par an et par membre, c'est-à-dire moins de 24 centimes par mois, elle a distribué à ses chômeurs plus de 400 mille marks ou 500 mille francs. L'indemnité allouée aux chômeurs est de 100 et 170 pfennigs et sa durée est de 60 jours par an.

Ces deux exemples prouvent que la fédération, grâce à l'esprit de solidarité qui l'anime nécessairement, peut soutenir ses adhérents sans travail au prix d'un effort très peu onéreux, si cet effort est constant et méthodique.

Quant au service du viaticum, le tableau II ne modifie pas la bonne impression produite par le précédent, à savoir que, dans la grande majorité des fédérations, ce service est organisé convenablement — ce qui est la chose difficile et essentielle — et qu'il ne reste plus qu'à le développer pour lui faire produire tous ses fruits.

En résumé, la prévoyance syndicale est parvenue, par ses seules ressources, à garantir contre les conséquences du chômage au moins un million de travailleurs en Angleterre, et, en Allemagne, à assurer un secours régulier de viaticum à 800,000 ouvriers et un minimun de secours de chômage à 400,000 travailleurs. Examinons quelle est, à cet égard, la situation syndicale dans notre pays.

France. — Les qualités et les défauts de l'esprit français se retrouvent naturellement dans le syndicalisme de ce pays, surtout lorsqu'on le compare avec celui des deux grandes nations voisines. Il arrive souvent chez nous que le syndicat ouvrier se donne, non pour but final, mais pour but immédiat de transformer la société ou, pour le moins, de modifier les bases de l'ordre social. La justice de sa cause, une entière confiance en lui-même suffiront à vaincre tous les obstacles. Un tel état d'esprit rend peu apte aux études patientes, aux plans lentement préparés, aux efforts persévérants. Malgré tout, le syndicalisme, œuvre pratique et de longue haleine, se développe peu à peu et commence à bâtir son propre édifice. Il commence même à fonder des services de solidarité.

On comptait, en janvier 1905[1], 4,625 syndicats ouvriers groupant 781.344 adhérents. Le mouvement a une importance et l'on sait que, malgré une activité peu méthodique, son influence sur les conditions du travail est déjà grande. Elle ne pourra que s'accroître, car le temps conspire en sa faveur. Comme un torrent de la montagne, le syndicalisme est encore impétueux, quelquefois frémissant! Mais, en dépit d'apparences et de quelques faits contraires, le torrent gagnera bientôt la plaine où, trouvant son lit naturel, il se transformera en fleuve plus ou moins calme mais toujours bienfaisant. Le débat qui s'ouvre entre réformistes et révolutionnaires caractérise l'étape. Les témérités junéviles iront s'atténuant insensiblement pour faire place à l'action lente, métho-

1. *Annuaire des Syndicats professionnels*, année 1905, p. XLIV.

dique et, par conséquent, profonde. Le syndicalisme organique de cette nouvelle période sera inévitablement marqué, en France comme à l'étranger, — tout en conservant l'empreinte du caractère national, — par un grand développement, une organisation de plus en plus perfectionnée, plus d'action et moins d'agitation, partant plus de force et, enfin, par des institutions fortifiantes au premier rang des quelles figureront les services de viaticum et de chômage.

A l'heure présente, ces services sont encore embryonnaires, mais ils existent et nous verrons qu'ils tendent à se multiplier.

Pour étudier comment les pouvoirs publics peuvent venir en aide aux chômeurs, le Conseil supérieur du travail a fait une enquête sur les caisses de chômage, leur organisation, leur fonctionnement et leurs résultats[1]. D'après ce document, le seul permettant d'apprécier le mouvement dans son ensemble, il existait, en 1902, 149 caisses de chômage comprenant 30,297 adhérents. Presque toutes ont été fondées par des syndicats ouvriers. Il n'y a que trois exceptions : deux caisses sont indépendantes, la Solidarité des coupeurs et brocheurs en chaussures de Paris, et la Société de secours mutuels contre le chômage des modeleurs et mouleurs en plâtre de Limoges; la

1. *Les caisses de chômage*, publication du Conseil supérieur du travail, 1903.

troisième caisse fait partie de la Société de bienfaisance des gantiers de Grenoble. Celle-ci, la plus ancienne, fonctionne sans interruption depuis 1803, c'est-à-dire depuis plus d'un siècle[2].

D'après leur effectif, les 149 caisses se groupent ainsi :

	Caisses	Adhérents
Caisses de 100 adhérents et moins.	96	3.850
De 101 à 200 adhérents...........	34	5.022
De 201 à 500 adhérents...........	13	3.844
De 501 à 1.000 adhérents.........	2	1.327
De 1.000 à 5.000 adhérents......	3	5.700
Au-dessus de 10.000.............	1	10.554
	149	30.297

Les six caisses ayant plus de 500 adhérents ont été fondées par les organisations ouvrières dont les noms suivent : La Résistance, société des imprimeurs lithographes de Paris (627 membres) ; la Société de bienfaisance des gantiers de Grenoble (700 membres) ; le Syndicat des moutonniers de Graulhet (Tarn) (1,200 membres) ; le Syndicat des ouvriers en instruments de précision de Paris (1,500 membres) ; l'Union corporative des mécaniciens de Paris (3,000 membres) ; la Fédération des travailleurs du livre (10,554 membres).

Le tableau inséré pp. 74 et 75 indique les ré-

2. Pour renseignements complets sur cette caisse, voir les *Associations professionnelles ouvrières*, t. II, p. 91 ; publication de l'*Office du travail*.

LES CAISSES DE CHOMAG

INDUSTRIES		CAISSES	ADHÉRENTS	CHOMEURS
Forêts et mines		2	224	68
Alimentation		3	413	126
Industries chimiques		1	49	10
Industries du livre	Fédération du livre	1	10.554	1.187
	Lithographie et diverses	30	2.824	657
Cuirs et peaux		15	2.901	156
Industries textiles		6	841	20
Travail des étoffes et chapellerie		11	1.060	244
Industrie du bois		16	1.061	177
Travail des métaux		26	7.307	767
Travail des terres au feu (céramiques, etc.)		13	1.523	271
Construction (maçons, etc.)		15	762	182
Transport, commerce et divers		10	778	70
Totaux et moyennes		149	30.297	3.935

(1) Le montant des cotisations et des indemnités n'a été indiqué que p

EN 1902 EN FRANCE

JOURNÉES indemnisées	MONTANT des cotisations (1)	MONTANT des indemnités (1)	COTISATION annuelle moyenne (1)	COUT MOYEN par membre (1)
—	432 85	830 95	1 44	3 71
1.561	1.735 »	2.140 85	8 10	5 18
197	300 »	197 »	3 »	4 02
21.896	34.828 20	43.792 »	3 30	4 15
20.564	8.979 10	52.978 45	9 84	21 39
2.667	7.504 25	12.528 »	7 68	4 28
611	162 »	350 »	3 90	0 94
10.386	29.834 80	21.237 20	13 56	22 50
1.888	1.789 55	2.666 40	5 04	5 13
12.955	10.407 89	21.605 30	4 80	3 08
7.475	13.479 65	21.144 40	9.60	13 88
4.521	3.060 06	7.110 »	5 76	10 90
877	1.250 30	2.360 35	4 20	3 27
85.598	113.763.65	188.940 90	4 02	6 69

84 Caisses ayant 28.209 membres.

sultats des 149 caisses groupées par industrie. Avant de résumer les chiffres du tableau, notons que la cotisation, pour le service du chômage exclusivement, varie le plus souvent entre 0 fr. 50 et 1 franc par mois. Elle est exactement de 0 fr. 50 dans 32 caisses et de 1 franc dans 11 caisses ; elle oscille entre 55 et 90 centimes dans 15 caisses, entre 1 fr. 10 et 2 francs dans 9 caisses seulement.

L'indemnité journalière varie entre 1 et 2 francs dans 111 caisses : 1 franc dans 32 caisses ; 1 fr. 25 dans 7 ; 1 fr. 50 dans 28; 1 fr. 75 dans une et 2 francs dans 43 caisses. Dans 13 caisses, elle va de 2 fr. 25 à 4 francs.

La durée annuelle de l'indemnité varie entre 30 et 60 jours dans 85 caisses : 30 jours dans 28 caisses, 40 jours dans 10 et 60 jours dans 30 caisses. Elle est de 90 jours dans 9 caisses, de 120 jours dans 5, de 150 et 180 jours dans 2 caisses; dans 14 caisses la durée n'est pas limitée.

Sur 30,297 adhérents, 3,935 ont chômé pen-85,598 jours, soit 295 ouvriers en chômage permanent. Sur le total des chômeurs, 758 (19 p. 100) ont épuisé l'indemnité statutaire; c'est-à-dire que ces 758 ouvriers n'avaient pas retrouvé de travail au moment où leur caisse, conformément à ses statuts, a cessé le versement de l'indemnité journalière.

84 caisses, ayant 28,209 adhérents, ont fourni les résultats financiers de l'exercice 1902. Sur 182,000 francs de recettes, les cotisations entrent pour 113,700 francs. Les dépenses ont été de 227,000 francs dont 188,900 francs d'in-

demnités de chômage. A la fin de l'année, 68 caisses avaient une réserve de 144,000 francs.

3 départements seulement comptent plus de 10 caisses : la Seine, 40; la Haute-Vienne, 34, toutes à Limoges ; la Côte-d'Or, 14, dont 12 à Dijon. Il y a 9 caisses dans la Seine-Inférieure, 8 dans le Nord, dont 7 dans l'imprimerie ; 7 dans chacun des départements du Rhône, de la Loire-Inférieure, de Seine-et-Oise, etc.

La Caisse du syndicat parisien des ouvriers en chapeaux de soie, fondée en 1887, compte 201 adhérents. L'indemnité est de 2 fr. 25 par jour pendant trois mois chaque année. En 1902, 90 chômeurs (44 p. 100) ont reçu, pour 7,020 journées, 16,919 francs. A la fin de l'année, la réserve était de 31,683 francs.

La caisse du Syndicat des ouvriers en instruments de précision de Paris, fondée en 1902 et comptant 1,500 membres, a payé 1,131 francs d'indemnités à 27 chômeurs pour 754 journées. L'indemnité est de 1 fr. 50 par jour pendant cinq semaines.

En France, comme à l'étranger, l'imprimerie est l'industrie où le service du chômage est le mieux organisé. Pour la France, c'est même la seule industrie où ce service fonctionne dans tout le pays et donne des résultats importants.

Les caisses de chômage des lithographes. — Dans la lithographie, le service du chômage

N° d'ordre	SIÈGE	ADHÉRENTS	Indem. de chômage Taux par jour	Indem. de chômage Durée annuelle	CHOMEURS	JOURNÉES indemnisées	MONTANT des indemnités	COUT MOYEN par adhérent
1	Marseille	65	2 »»	36	»	164	328 20	5 05
2	Angoulême	13	3 »»	40	4	27	82	5 85
3	Bordeaux	167	2 »»	48	88	1.680	1.714 »»	10 26
4	Rennes	»	1 50	30	2	35	61 50	—
5	Grenoble	23	1 »»	60	12	280	280 »»	12 17
6	Saint-Etienne	156	2 »»	40	7	184	368 »»	2 36
7	Nantes	42	2 »»	30	20	448	896 »»	21 33
8	Orléans	16	2 »»	36	3	43	85 »»	5 31
9	Reims	87	2 »»	48	3	47	145 »»	1 66
10	Rouen	20	1 50	36	—	—	—	—
11	Amiens	45	2 »»	36	10	275	550 »»	12 20
12	Poitiers	35	1 50	45	10	100	150 75	4 32
13	Limoges	64	2 »»	40	»	400	800 »»	12 50
14	Paris (graineurs)	70	2 50	30	»	306	766 50	10.95
15	— (écrivains)	192	3 »»	25	20	282	846 »»	4 40
16	— (margeurs)	200	2 »»	60	80	2.410	4.820 »»	24 10
17	— (imprimeurs)	80	2 »»	60	20	752	1.504 »»	18 80
18	— (union)	180	2 50	60	75	1.954	—	—
19	— (reporteurs)	207	3 50	69	80	2.209	7.644 »»	36 92
20	— (résistance)	627	3 50	60	203	8.297	30.924 50	49 32
		2.289			637	19.893	51.965 45	24 87

n'est pas encore une institution fédérative, mais tout syndicat adhérent à la Fédération lithographique doit, aux termes d'un article des statuts adopté en 1900, instituer une caisse locale avec indemnité minimum de 2 francs par jour.

Le tableau de la p. 78 donne les résultats des 20 caisses qui existaient en 1902 dans la profession. L'indemnité est de 2 francs dans 10 caisses ; elle va de 2 fr. 50 à 3 fr. 50 par jour dans 6 caisses. La durée de l'indemnité varie entre 30 et 48 jours par an dans 12 caisses ; elle est de 60 jours dans 6 caisses, dont 5 de Paris. Sur 2,289 adhérents, 637 (22 p. 100) ont chômé pendant 19,893 journées et reçu 51,965 francs. La dépense moyenne par adhérent est ainsi de 24 fr. 87, avec minimum de 1 fr. 66 et maximum de 49 fr. 32.

Cette variation énorme de la dépense entre les caisses de la même profession montre la supériorité d'une Caisse fédérale, c'est-à-dire d'une caisse centrale unique, sur les caisses syndicales et locales. En attendant la création d'une caisse fédérale dans la lithographie, au moyen très simple d'une fusion des caisses locales, il y a lieu de s'étonner que les lithographes parisiens — chez lesquels l'esprit syndical est pourtant si vivace — n'aient pas encore opéré la fusion des sept caisses entre lesquelles ils se répartissent, afin de constituer une seule caisse de chômage pour tous les lithographes syndiqués de Paris. La question est à l'étude et nous sommes persuadés qu'elle sera bientôt résolue, tant les avantages d'une caisse unique sont évidents.

Depuis plusieurs années, le chômage sévit avec une extrême intensité sur la lithographie parisienne. Ainsi, en 1904, sur 526 adhérents que comptait la Résistance, 252 (48 p. 100) ont chômé pendant 8,009 jours, ce qui a coûté 28,031 fr. 50, soit pour chaque adhérent 53 francs 30.

La caisse de la Fédération des travailleurs du livre. — Les typographes possèdent la première organisation française, tant au point de vue syndical qu'en ce qui concerne les services de viaticum et de chômage. Fondée en 1881, la Fédération du livre comptait, le 1er janvier 1905, 10,783 membres payants disséminés dans 168 villes de France, dont 3,424 à Paris où ils forment quatre sections.

Depuis sa fondation, la Fédération possède un service de viaticum. Dans chaque ville où il passe, le chômeur reçoit, pour une distance de 40 kilomètres et au-dessous, une indemnité de 2 francs, et un supplément de 50 centimes par fraction de 20 kilomètres en plus, jusqu'à 200 kilomètres. En d'autres termes, l'indemnité varie entre 2 et 6 francs. Quand le sociétaire a touché 100 francs de viaticum, il n'a plus droit à l'indemnité pendant 18 mois.

De 1885 à 1897 inclus (13 ans), la dépense du viaticum s'est élevée à 106,400 francs, soit en moyenne 8,184 francs par an.

Après plusieurs années de travaux préparatoires, la Fédération du livre — tant pour suivre l'exemple des Fédérations typographiques de l'étranger que pour atténuer les conséquences de l'introduction de la machine à composer — a fondé une caisse de chômage. A cet effet, un fonds de réserve de 53,000 francs (produit d'une cotisation supplémentaire de 50 centimes par membre et par mois) fut constituée pendant l'année 1900. Le service du chômage, réglé par le Congrès de 1900, fonctionne depuis le 1er janvier 1901.

Par suite de la nouvelle institution, la cotisation fédérale a été successivement portée : à 1 fr. 25 jusqu'en avril 1902, 1 fr. 50 jusqu'au 1er avril 1904 et, depuis lors, elle est de 2 francs par membre et par mois. Le chômage se décompose en chômage par manque de travail et chômage par suite de maladie. La cotisation est unique pour tous les services fédératifs, mais la comptabilité est distincte pour les dépenses de chaque service ; il est donc facile de déterminer la cotisation théoriquement affectée au service du chômage proprement dit. Après avoir été estimée 0 fr. 275 pendant les deux premières années, cette cotisation doit être évaluée maintenant à 0 fr. 55 par membre et par mois.

L'indemnité est de 2 francs par jour et sa durée est de 36 jours par an. Une indemnité de 10 francs est, en outre, allouée au chômeur quittant la localité.

Le tableau de la p. 82 donne les résultats du service de 1901 à 1904 inclus, soit pendant 4 ans. Pendant cette période, le nombre

SERVICES DE VIATICUM ET CHOMAGE DE LA FÉDÉRATION DU LIVRE

Résultats de 1901 à 1904

ANNÉES	SECTIONS	ADHÉRENTS	CHOMEURS	JOURNÉES indemnisées	CHOMEURS ayant épuisé l'indemnité	MONTANT des indemnités		COUT MOYEN par adhérent
						Chômage	Viaticum (1)	
1901	158	9.989	785	14.796	(?)	29 592	8.890	3 85
1902	162	10.534	1.187	21.896	312	43 792	11.963	5 28
1903	168	10.997	1.449	27.392	403	54.783	11.223	6 »
1904	168	10.912	1.549	29.274	410	58.548	10.736	6 35
				93.358		186.715	42.812	5 40

(1) Les documents, portant essentiellement sur le service de chômage, n'indiquent pas le nombre des ahérents ayant reçu les indemnités de viaticum.

moyen des chômeurs a été de 1,242 (12 p. 100) chaque année et le nombre moyen des journées indemnisées de 24,439. La durée de l'indemnité n'étant que de 36 jours par an, un nombre élevé de chômeurs (27 p. 100 en moyenne pendant les 3 dernières années) ont épuisé l'indemnité avant d'avoir retrouvé un emploi. La dépense des services de chômage et de viaticum s'est élevée pour les 4 années à 229,527 francs, soit en moyenne 57,380 francs par an; pour chaque adhérent, la dépense moyenne ressort à 5 fr. 40 ou 0 fr. 45 par mois. Ainsi 10,000 membres d'une même profession, habitant 168 villes différentes, peuvent au moyen d'une caisse fédérale verser régulièrement un secours de route et soutenir leurs chômeurs pendant 36 jours par an avec une cotisation de 0 fr. 45 par mois. D'après le tableau de la p. 74, la moyenne de la cotisation annuelle, dans la majorité des caisses existantes en France, est supérieure à ce chiffre, et pourtant les résultats de la Caisse fédérale du livre sont en général plus satisfaisants que ceux des autres caisses.

La caisse fédérale assure donc un maximum d'avantages pour un minimum de cotisations. Dans une caisse syndicale, qui ne groupe que les membres de la profession dans la localité, les ouvriers qui chôment peu ou pas du tout, par le versement régulier de la cotisation, viennent en aide aux ouvriers frappés par le chômage. Dans la caisse fédérale, qui groupe les ouvriers de la même profession sur toute l'étendue du pays, l'esprit de solidarité est infiniment plus efficace. Non seulement, comme dans la caisse syndicale, les ouvriers de la localité paient pour les chômeurs de cette localité, mais les localités non atteintes par le chômage paient pour celles qui subissent des chômages intenses ou prolongés. Voici, pour la Caisse fédérale du livre, qui comptait 168 sections en janvier 1905, le nombre de celles qui ont payé les cotisations statutaires sans recevoir une seule indemnité : 46 sections en 1901, 37 en 1902, 20 en 1903 et 23 en 1904. Et nous ne parlons pas des nombreuses sections qui, chaque année, ont versé en cotisations une somme plus élevée que le montant des indemnités reçues.

La cotisation a plus que doublé (2 francs par mois au lieu de 0 fr. 75) à la suite de la fondation du nouveau service. Cette augmentation n'a pas fait diminuer l'effectif de la Fédération du livre ; il a au contraire augmenté de 1,000 membres depuis 1901.

La caisse fédérale des mécaniciens. — Nous sommes heureux d'enregistrer la fondation récente d'une seconde caisse fédérale.

L'Union corporative des ouvriers mécaniciens de la Seine, dont l'effectif est de 3,150 adhérents, possède depuis 1886 une caisse de chômage qui, au cours de l'année 1904, a versé 8,120 francs à 395 chômeurs. Le taux de l'indemnité est de 2 francs par jour et sa durée de 8 semaines par an. En 1904, 24 chômeurs ont épuisé l'indemnité statutaire.

Fondée en 1899, sur l'initiative de l'Union corporative de la Seine[1], la Fédération des mécaniciens a institué une caisse de chômage qui fonctionne depuis le 1er décembre 1904. La cotisation fédérale est de 50 centimes par membre et par mois. L'indemnité de chômage, d'abord fixée à 1 franc, est de 1 fr. 50 par jour depuis le 1er avril 1905. La durée de l'indemnité est de 8 semaines par an, répartie en deux périodes de 4 semaines chacune. Le chômeur qui a touché l'indemnité pendant 4 semaines n'a de nouveau droit à cette indemnité qu'après un intervalle de 3 mois.

La Fédération possède, en outre, un service de viaticum qui assure au fédéré en voyage une indemnité de 2 francs par jour avec maximum de 6 francs pour le séjour dans une même localité.

En janvier 1905, 53 syndicats ou sections, groupant 4,300 adhérents, faisaient partie de la caisse de chômage dont voici les résultats pour les quatre premiers mois de fonctionnement :

	Sections ayant reçu des indemnités	Chômeurs	Indemnités	Chômeurs ayant épuisé l'indemnité
Décembre 1904.	4	44	577 fr.	6
Janvier 1905...	5	34	422	8
Février	4	25	350	6
Mars..........	4	20	258	4
		123	1.607	24

1. C'est également à l'Union corporative des mécaniciens de la Seine qu'est due la fondation, en 1883, de la Fédération des ouvriers de la métallurgie, ayant aujourd'hui pour titre : Union fédérale des métallurgistes de France.

L'avenir de la caisse de chômage des mécaniciens, lié à celui de la Fédération, paraît assuré.

Caisse de chômage de la Chambre syndicale des employés de Paris. — Fondée en 1885 et comprenant en 1904 environ 7,000 adhérents, la Chambre syndicale des employés de Paris possède, depuis 1895, une caisse de chômage dont les résultats ne figurent pas dans le tableau de la page 74.

Sur la cotisation de 1 franc par mois, 50 centimes sont affectés au service du chômage. La durée de l'indemnité est de 30 jours par an. Le taux de l'indemnité varie, soit en raison de l'ancienneté de l'adhérent, soit en raison de l'époque depuis laquelle il n'a pas touché l'indemnité. La variation étant uniforme dans les deux cas, voici l'échelle des indemnités : après 1 an de stage ou d'interruption de l'indemnité, 1 fr. 50 par jour ; 2 ans, 2 francs ; 3 ans, 2 fr. 50 ; 4 ans, 3 francs ; 5 ans, 3 fr. 50 ; 6 ans, 4 francs ; 7 ans, 4 fr. 50 ; 8 ans, 5 francs ; 9 ans, 5 fr. 50, et 10 ans, 6 francs par jour. C'est, à notre connaissance, la seule caisse de chômage, en France, qui ait établi cette progression de l'indemnité que l'on trouve, au contraire, dans plusieurs caisses anglaises et dans la plupart des caisses allemandes.

De 1896 à 1904 inclus (9 ans), 705 chômeurs ont touché, pour 17,220 journées, 38,261 fr. 50, soit une dépense moyenne de 4,251 francs par an. Les conséquences financières de l'indemnité variable et progressive ont été moins onéreuses qu'on pourrait le supposer. Au taux unique de 1 fr. 50 par jour, les 17,220 journées eussent coûté 25,830 francs, soit 12,431 francs en moins ; au taux de 2 francs par jour, la dépense eût été de 34.440 francs, ou 3,821 francs seulement au-dessous de la dépense réelle.

Pendant l'année 1904, 117 chômeurs ont reçu 6,881 francs pour 2,978 journées se décomposant comme suit : 1,200 journées à 1 fr. 50 ; 553 à 2 francs ; 559 à 2 fr. 50 ; 357 à 3 francs ; 99 à 3 fr. 50 ; 90 à 4 fr. 50 ; 30 à 5 francs ; 30 à 5 fr. 50, et 80 journées à 6 francs.

Le système adopté par la Chambre syndicale des employés de Paris complique la comptabilité et le fonctionnement de la caisse, mais il procède d'une idée assez juste et en tout cas très propre à gagner à l'institution les sympathies de travailleurs dont l'adhésion est précieuse, c'est-à-dire de ceux dont la situation est ou paraît être à peu près stable.

*
* *

Le service du chômage, dans le syndicalisme français, est bien modeste si on le compare au même service en Angleterre et aussi en Allemagne. Les syndicats anglais, après 70 ans de travail, ont presque achevé l'édifice social qui abrite leurs chômeurs. Les syndicats allemands, depuis cinq ans surtout, se sont mis à la besogne avec la ferme volonté d'aboutir et déjà la maison est habitable pour les chômeurs de plusieurs industries. Les syndicats français ne font que se mettre à l'œuvre. Ils hésitent encore et tâtonnent. C'est la période de début, la seule difficile. Des caisses existent et donnent des résultats, mais ce ne sont que des caisses locales. Cependant la Fédération du livre, pour se mettre au niveau des Fédérations typographiques de tous les pays, a fondé, la première, une caisse fédérale qui fonctionne très bien depuis 1901. Après elle, la Fédération des mécaniciens s'est mise en mouvement, et une seconde caisse fédérale est née en décembre 1904. Des projets, sur lesquels nous reviendrons, sont en outre à l'étude dans les Congrès de plusieurs fédérations.

Ayons confiance. En France, comme ailleurs, le syndicalisme prouvera qu'il est capable de soutenir la portion de syndiqués que le marché du travail, si grossièrement organisé, condamne sans cesse à l'inaction. Dès qu'il aura bien compris que son intérêt autant que son devoir lui commandent d'organiser le service du chômage, le problème sera pour ainsi dire résolu, — surtout si les pouvoirs publics lui donnent, sous une forme acceptable, leur appui moral et financier.

CHAPITRE IV

LES CAISSES OUVRIÈRES SUBVENTIONNÉES

Le régime des caisses ouvrières subventionnées a été institué par la ville de Gand et c'est dans cette ville que nous allons l'étudier. Auparavant, il faut rappeler que deux villes de France, Dijon et Limoges, allouent depuis plusieurs années des subventions aux caisses syndicales de chômage fonctionnant dans leur localité.

Ville de Dijon. — Sur l'initiative du citoyen Marpaux, alors adjoint au maire de Dijon, le conseil municipal socialiste de cette ville décidait d'allouer des subventions aux caisses de chômage des syndicats et adoptait, le 7 juillet 1896, un règlement à cet effet.

D'après ce règlement, modifié plus tard sur des points secondaires, la subvention municipale n'est accordée qu'autant que les recettes spéciales de la caisse ont été insuffisantes pour couvrir les dépenses de chômage et, dans ce cas, la subvention est égale au déficit, jusqu'à concurrence du montant des cotisations perçues. Le règlement ne stipule qu'une seule limite relative à l'indemnité : si celle-ci dépasse 2 francs par jour, la subvention ne porte que sur les indemnités ramenées à ce chiffre.

Le mécanisme de la subvention repose sur le produit des cotisations. C'est tenir compte de l'effort des intéressés, mais la subvention n'étant allouée que si les recettes sont insuffisantes, le règlement pousse les caisses à organiser le déficit et, par conséquent, limite singulièrement ce même effort. En fait, les auteurs du règlement ont admis que la subvention doit doubler le produit des cotisations.

Peut-être serait-il préférable de supprimer cette condition d'insuffisance des recettes, afin de permettre et même de faciliter la constitution d'un fonds de réserve. Il est vrai que, dans ce cas, les plus fortes subventions iraient aux caisses dont les membres peuvent payer la cotisation la plus élevée, c'est-à-dire aux caisses ayant un moindre besoin de subventions. Le régime de répartition reposant sur les cotisations, sans tenir compte de la dépense, ne paraît donc pas très satisfaisant. Quoi qu'il en soit, les sommes suivantes ont été allouées aux caisses de chômage par la ville de Dijon, de 1897 à 1903 :

	Caisses	Subventions
1897	13......	2.320 fr.
1898	13......	5.510
1899	12......	7.264
1900	13......	4.800
1901	12......	3.340
1902	11......	3.130
1903	12......	3.220

En 1896, il n'existait qu'une seule caisse de chômage, celle du syndicat des typographes. En vue de participer aux subventions, 12 caisses ont été fondées l'année suivante. Le mouvement n'a pris aucune extension. En 1903, le nombre des adhérents, dans 11 caisses sur 12 qui ont été subventionnées, ne s'élevait qu'à 697 avec maximum de 125 (typographes) et minimum de 20 (charpentiers). Les indemnités de chômage versées au cours de l'année par 10 caisses ont été de 9.151 fr. 60[1]. Le maire écrivait, en 1903, que les caisses de chômage même subventionnées ne peuvent guère se développer à Dijon, cette ville n'étant pas un centre industriel.

Ville de Limoges. — Dans cette ville ouvrière, centre principal de l'industrie de la porcelaine, la subvention municipale a donné de meilleurs résultats. Dès leur élection, en 1896, le conseil municipal socialiste et son maire, M. Labussière — qui est aussi député de Limoges — se proposèrent de subventionner les caisses de chômage.

Depuis 1854, la ville de Limoges subventionne les sociétés de secours mutuels. Grâce à son titre, la Société de secours mutuels contre le chômage des modeleurs et mouleurs en plâtre obtint, en 1891, une subvention de 100 francs, qui fut augmentée les années suivantes.

1. Bulletin municipal officiel de Dijon. Séance du 18 décembre 1903.

Par délibération du 23 décembre 1896, le conseil municipal ouvrit un crédit de 6,000 francs à répartir entre les caisses de chômage. Le mécanisme de la répartition est très simple, trop simple même. Chaque caisse fournit la liste nominative de ses adhérents, puis le crédit est réparti également entre les caisses, au prorata du nombre des membres de chacune. Depuis 1902, le Comité de la Bourse du travail procède à la vérification du nombre des adhérents payant la cotisation dans chaque caisse. Voici le compte annuel de la subvention :

Années	Caisses	Adhérents	Subvention	Subvention par adhérent
—	—	—	—	—
1897..	19	1.432	6.000	4,20
1898..	20	1.004	6.000	6, »
1899..	25	1.195	7.000	5,85
1900..	26	1.267	8.500	6,70
1901..	28	1.715	8.500	4,95
1902..	32	2.285	8.500	3,72
1903..	35	2.542	11.500	4,52
1904..	37	3.048	12.000	3,93

En 1895, c'est-à-dire avant qu'il soit question des subventions, il existait cinq caisses, y compris celle des modeleurs. La décision municipale provoqua la création de 14 caisses. S'il n'a pas encore pris une extension en rapport avec l'importance de ce centre ouvrier, le mouvement s'est cependant développé : le nombre des caisses a passé de 19 à 37 et le nombre des adhérents de 1,400 à 3,000.

Sans parler de la Société des modeleurs et mouleurs en plâtre, ni de la caisse des imprimeurs-lithographes, dont les adhérents travaillent pour la plupart dans l'industrie de la porcelaine, il existait, en 1904, parmi les travailleurs de cette industrie, 11 caisses groupant 1,283 adhérents. L'utilité d'un si grand nombre de petites caisses nous paraît douteuse, bien que chacune d'elles soit annexée au syndicat d'une spécialité. Il serait probablement excessif de proposer leur fusion en une caisse unique mais, tant au point de vue syndical qu'à celui du service de chômage, il y aurait grand avantage à concentrer les caisses existantes autour de quelques-unes d'entre elles, par exemple : la caisse du vieux syndicat l'Initiative, celle des peintres et celle de de la Prévoyante des choisisseurs. Ainsi, il y aurait une caisse de chômage pour les ouvriers de la fabrication, une pour ceux de la décoration et une pour les ouvriers du choix et de l'expédition.

Au dernier moment, nous sommes heureux d'apprendre que la question est à l'étude ; le projet en discussion consiste même à former une seule caisse pour tous les ouvriers de la porcelaine.

Les villes de Dijon et Limoges poursuivaient leur expérience un peu trop paisiblement lorsque l'attention des spécialistes fut appelée sur le régime des caisses subventionnées par le gros succès que la ville de Gand obtenait dans ce domaine.

LE SYSTÈME DE GAND

Le système de Gand consiste à majorer les indemnités versées par les caisses de chômage à leurs adhérents. Il ne semble être, tout d'abord, comme à Dijon et Limoges, qu'une subvention ordinaire aux caisses de chômage. En réalité, le système est beaucoup plus complexe.

Le conseil municipal vote chaque année un crédit qui alimente un service spécial, le Fonds de chômage[1]. Ce fonds est administré, avec une large autonomie, non par la municipalité, mais par un comité de treize membres, élus tous les trois ans : deux spécialistes, trois membres du conseil municipal de Gand, trois membres des conseils des communes suburbaines et cinq délégués des syndicats adhérant à l'institution. Ces cinq délégués sont désignés par les syndicats eux-mêmes. Le bourgmestre de Gand, ou son délégué, peut présider les séances du Comité.

Les subventions ne sont allouées que pour chômage involontaire par manque de travail, à l'exclusion du chômage causé par la grève, le lock-out, la maladie ou autre incapacité physique.

Les syndicats et autres sociétés ayant une caisse de chômage adressent une demande

1. Nous résumons les statuts adoptés le 22 février 1904 et non ceux qui ont été appliqués de 1901 à 1903. Le texte des statuts de 1904 est inséré en annexe du rapport de M. Millerand. Chambre des députés, séance du 21 octobre 1904, n° 1982, p. 30.

d'admission au Comité. Une fois admis, le syndicat participe de droit à la répartition de la subvention.

La répartition est ainsi conditionnée :

a) Chaque indemnité ne peut être majorée de plus de 100 p. 100, soit le double ;

b) La majoration ne porte que sur un franc par jour d'indemnité ou fraction d'indemnité ;

c) La majoration ne s'applique au même chômeur que pendant 60 jours par an [1].

d) Le Comité fixe, chaque mois et d'avance, le taux de majoration qui, une fois fixé, est le même pour tous les ayants-droit.

La caisse de chômage est un intermédiaire entre le Comité et chaque chômeur. Tous les mois, la caisse fournit au Comité une liste nominative de ses chômeurs, indiquant la somme reçue par chacun. La caisse doit avancer au chômeur le montant de la majoration, d'après le taux fixé par le Comité. L'état fourni par la caisse contient, pour chaque chômeur, le nombre de jours chômés, le montant des indemnités versées par application des statuts de la caisse et le montant de la majoration avancée. Après vérification, la majoration est remboursée par le Comité.

Un vérificateur contrôle tous les livres des caisses adhérentes ; il soumet le résultat de ses opérations au Comité. Les membres de celui-ci sont tenus de ne divulguer aucun renseignement obtenu sur les caisses.

1. 50 jours jusqu'en février 1904.

Tels sont, brièvement résumés, l'organisation et le fonctionnement du Fonds de chômage de Gand, qui obtient, depuis quatre ans, un grand succès et dont voici les résultats [1] :

ANNÉES	CAISSES adhérentes	INDEMNITÉS	MAJORATION	POUR 100 des majorations
		FRANCS	FRANCS	
1901	20	17.875	6.254	26
1902	27	41.241	16.171	28
1903	29	35 505	18.982	35
1904	34	40.606	22.567	35,7
		135.197	63.974	32

Pendant cette période de quarante et un mois, les chômeurs ont reçu 199,171 francs d'indemnités sur lesquels 63,974 francs, ou 32 p. 100, ont été fournis par les subventions municipales.

Les documents publiés par le Fonds ne font pas connaître, année par année, le nombre des adhérents aux caisses, le nombre des chômeurs et celui des journées indemnisées. Il n'est donc pas possible d'apprécier aussi complètement qu'on le voudrait la valeur sociale de l'institution, ni les services qu'elle a rendus aux ouvriers syndiqués de Gand.

1. En 1901, le Fonds n'a fonctionné que depuis le mois d'août, soit cinq mois. — Pour 1904, les chiffres sont extraits de la *Revue du travail* de Belgique.

M. Louis Varlez, le véritable fondateur du Fonds et son président, a publié un rapport[1] sur les résultats d'août 1901 à août 1903 inclus, soit vingt-cinq mois. Pendant cette période, 4,919 chômeurs de 29 caisses syndicales ont reçu plus de 120,000 francs d'indemnités.

« La création du Fonds de chômage, déclare M. Louis Varlez[1], fut accueillie avec enthousiasme par la classe ouvrière gantoise et, en quelques mois, presque tous les syndicats firent les démarches nécessaires pour obtenir l'affiliation au Fonds ; actuellement, dans la seule ville de Gand, il y a 34 syndicats affiliés, réunissant 12,038 membres de tous les groupes syndicaux : socialistes, catholiques, neutres et libéraux. » Nous savons ainsi que plus de 12,000 ouvriers sont adhérents aux caisses syndicales et peuvent recueillir les avantages de l'institution municipale. Celle-ci a contribué dans la plus large mesure à décider les syndicats à fonder des caisses de chômage. Les syndicats de Gand consacraient 15,000 francs au service du chômage en 1898 ; dès qu'il fut question d'instituer le Fonds, c'est-à-dire en 1900, la dépense s'est élevée à 25,000 francs pour atteindre, en 1901, 50,000 francs. D'après les chiffres

1. Rapport sur le fonctionnement du Fonds 1901-1903, par Louis Varlez, président. — Ce document est reproduit, en grande partie, dans le rapport de M. Millerand, déjà cité. — Nous puisons presque tous nos renseignements dans ce rapport, ainsi que dans un ouvrage de M. Varlez : *Les Formes nouvelles de l'assurance contre le chômage*, Bibliothèque du Musée social. — Paris, Arthur Rousseau, 1903.

2. *Les Formes nouvelles de l'assurance*, p. 79.

du tableau, on voit que les syndicats ont immédiatement fait l'effort maximum. Depuis 1902, en effet, la somme consacrée au service du chômage, y compris les subventions, oscille autour de 55,000 francs.

Le taux de la subvention a beaucoup varié depuis 1901. Il est différent et plus élevé pour le chômage proprement dit que pour les interruptions de travail résultant d'un arrêt accidentel des fabriques. Il est également plus élevé pour les hommes adultes que pour les femmes et les enfants. D'une manière habituelle, le taux de la subvention a été de 50 p. 100, ou la moitié de l'indemnité versée par la caisse ouvrière.

Le Conseil communal de Gand vota un crédit de 10,000 francs pour 1901. Devant les résultats obtenus, la subvention fut portée à 15,000 francs en 1902. Elle a été maintenue jusqu'ici à ce chiffre. Mais, en janvier 1903, au cours d'une crise de chômage très forte, le Conseil vota un crédit supplémentaire de 5,000 francs, qui permit d'allouer des indemnités aux ouvriers ayant chômé pendant plus de 50 jours (60 depuis février 1904) et qui, par suite, n'avaient plus droit aux subventions ordinaires.

Le contrôle est évidemment la partie délicate de l'institution. Dans le rapport déjà cité, le Comité se déclare satisfait. « Dans l'ensemble, nous croyons que le contrôle s'est fait d'une manière très efficace et que les abus, si tant est qu'il s'en soit produit, sont tout à fait insignifiants. Le contrôle doit d'ailleurs toujours être maintenu et le sera. »

Outre les subventions aux membres des caisses de chômage, le Fonds accorde des avantages d'ailleurs identiques aux ouvriers non syndiqués qui, pour se garantir contre les effets du chômage, prennent un livret de caisse d'épargne. Les sommes retirées par le chômeur sont majorées comme les indemnités versées par les caisses. On se proposait ainsi de maintenir l'égalité entre syndiqués et non syndiqués, quant à la participation aux subventions. Le système a complètement échoué, malgré une active propagande en sa faveur. En 1903, 13 ouvriers seulement ont pris un livret et un seul a touché comme subvention une somme de 7 francs. « Vouloir constituer une association plus ou moins régulière avec les ouvriers répugnant à l'idée de l'organisation est sans doute une utopie », déclare M. Varlez, en constatant l'échec de cette tentative [1].

Le succès réel et rapide de l'institution, en ce qui concerne les caisses de chômage, est évidemment dû à la valeur propre du système gantois, — qu'on pourrait appeler le système Varlez. Ce succès tient aussi à des circonstances qu'il faut indiquer. Gand est un milieu social particulièrement favorable. Les travailleurs

1. Il paraît cependant que, pendant le dernier hiver, des résultats ont été obtenus. D'après la *Revue du travail* de février 1905, des retraits sur livrets de caisse d'épargne ont été opérés par 7 ouvriers directement affiliés et par deux associations (dont une de tailleurs) adhérentes au Fonds. Pour décembre 1904, les retraits se sont élevés à 1.626 fr. 80 et cette somme a été majorée par le Fonds de 1.191 francs.

de ce grand centre de l'industrie textile ont l'esprit d'association extrêmement développé : le Vooruit de Gand, que tout le monde connaît, en est la preuve. Les syndicats et les syndiqués y sont nombreux. « D'après les derniers renseignements, dit M. Varlez[1], les syndicats socialistes comptent 7,714 membres, les catholiques antisocialistes 3,475 ; les libéraux 1,426 et les neutres, qui renferment surtout des employés, 3,532 », soit, en 1903, un effectif de 16,147 adhérents.

D'autre part, ayant pris les caisses syndicales comme base du système, les fondateurs de l'institution ont su et pu établir un lien et des rapports suffisamment étroits entre le Comité et les syndicats adhérents. La situation syndicale, avec ses nuances différentes, pour ne pas dire contraires, a dû faciliter la marche régulière du Fonds et le contrôle du Comité, en ce sens que chaque syndicat exerce spontanément sur les autres un contrôle pointilleux. Enfin, il ne suffit pas d'établir un système ingénieux et bien adapté au but poursuivi. Il faut surtout savoir l'appliquer. A cet égard, le Comité et son président ont rempli leur tâche difficile avec une habileté à laquelle chacun rend hommage.

*
* *

Suivi avec attention par tous les hommes que préoccupe le problème du chômage, le système de Gand et ses résultats ont été examinés et

1. *Les Formes nouvelles de l'assurance*, p. 77.

appréciés un peu partout en Europe, mais c'est d'abord et tout naturellement en Belgique que le système a reçu les plus nombreuses applications.

Il a donné un nouvel essor au régime des subventions aux caisses de chômage qui était en vigueur dans la province de Liège depuis 1897.

Dès le mois de décembre 1901, la ville d'Anvers a adopté à peu près textuellement le système gantois. Dans la seconde ville flamande, le régime des caisses subventionnées donne des résultats satisfaisants. En 1903, 18 caisses syndicales ont versé à leurs chômeurs 25.976 francs d'indemnités; sur cette somme, 8,514 francs (près de 33 p. 100) ont été fournis par la subvention municipale [1].

D'Anvers, le mouvement s'est répandu dans toute la Belgique. En 1904, 22 cités belges possédaient un Fonds de chômage à peu près semblable à celui de Gand. « Sur dix villes de plus de 50,000 habitants, neuf possèdent des fonds de chômage, et dans la dixième, Bruxelles, la proposition d'adopter les statuts du Fonds gantois n'a été rejetée qu'à deux voix de majorité [3] ». A propos de Bruxelles, dont le Conseil municipal résiste depuis trois ans à adopter le système, l'organe du parti socialiste belge, le *Peuple*,

1. Pour renseignements complets sur le mouvement en Belgique et aussi en France, outre les ouvrages de M. Varlez, on consultera avec profit l'ouvrage que vient de publier M. Crosson du Cormier : *Les Caisses syndicales de chômage en France et en Belgique*, librairie Chevalier et Rivière, Paris, 1905 ; 5 francs, — Nous avons emprunté à cet ouvrage des faits et des chiffres pour les institutions les plus récentes.

du 3 juin 1905, annonce que, les oppositions ayant à peu près disparu, la question est sur le point d'aboutir et il espère que dans quelques mois l'institution sera fondée pour Bruxelles et ses communes suburbaines.

L'application du système de Gand est à l'étude en Hollande, en Danemark, en Norvège, au Luxembourg et dans plusieurs villes de l'Allemagne : Stuttgart, Carlsruhe, Francfort, Munich, etc. Dans cette dernière ville, l'étude est fort avancée. La commission municipale a déposé son projet au commencement de 1905. Elle adopte le système de Gand, sauf quelques modifications secondaires et propose le vote d'un crédit de 35,000 fr. par an. Il est probable que Munich sera la ville qui appliquera la première, en Allemagne, le régime des caisses subventionnées.

Dans ce mouvement européen, la France occupe un rang que nous essaierons de mettre en lumière dans le chapitre suivant qui sera consacré à la discussion et aux résolutions du Conseil supérieur du travail et au cours duquel nous donnerons un coup d'œil d'ensemble sur la valeur et les résultats des divers systèmes employés ou proposés pour soutenir les victimes du chômage.

2. Rapport sur le Fonds de chômage de Gand, 1901 à 1903.

TABLE DES MATIÈRES

Ce volume a été composé et tiré par des ouvriers syndiqués.

Pithiviers. — Imprimerie L. GAUTHIER.

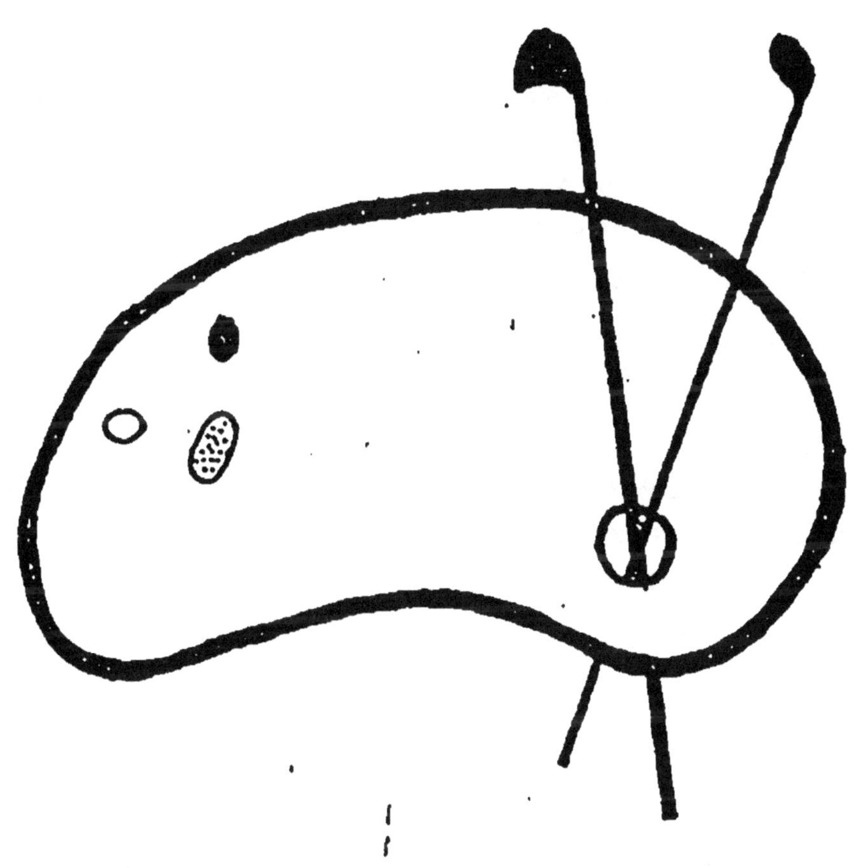

www.ingramcontent.com/pod-product-compliance
Lightning Source LLC
LaVergne TN
LVHW020351230826
846091LV00003B/1056

* 9 7 8 2 0 1 3 4 5 6 4 2 5 *